Berndt Hamm / Michael Welker

Die Reformation – Potentiale der Freiheit

Berndt Hamm
Michael Welker

Die Reformation – Potentiale der Freiheit

Mohr Siebeck

Berndt Hamm: Geboren 1945; seit 1984 Professor auf dem Lehrstuhl für Neuere Kirchengeschichte an der Universität Erlangen-Nürnberg; Ephorus des Theol. Studienhauses ‚Werner-Elert-Heim'.

Michael Welker: Geboren 1947; seit 1991 Professor auf dem Lehrstuhl für Systematische Theologie an der Universität Heidelberg; seit 2005 Geschäftsführender Direktor des Forschungszentrums Internationale und Interdisziplinäre Theologie (FIIT); Mitglied der Heidelberger Akademie der Wissenschaften und der Finnish Academy of Science and Letters.

ISBN 978-3-16-149782-7

Die Deutsche Nationalbibliothek verzeichnet diese Publikation in der Deutschen Nationalbibliographie; detaillierte bibliographische Daten sind im Internet über *http://dnb.d-nb.de* abrufbar.

Das Buch wurde von Martin Fischer in Tübingen aus der Garamond Antiqua gesetzt, von Gulde-Druck in Tübingen auf alterungsbeständiges Werkdruckpapier gedruckt und von der Buchbinderei Held in Rottenburg gebunden.

Vorwort

Das vorliegende Buch ist die Frucht einer jahrzehntelangen Zusammenarbeit und Freundschaft zwischen einem Kirchenhistoriker und einem Systematischen Theologen. Die vier Kapitel wurden in unterschiedlichen universitären und kirchlichen Kontexten vorgetragen, konvergieren aber in der Frage nach Ursprung, Charakter, Wirkung und gegenwärtiger Geltung der Reformation.

Die Formulierung „Potentiale der Freiheit“ bringt, wie wir meinen, die leitende Perspektive unseres Reformationsverständnisses und den Grund für unsere Beschäftigung mit der Reformation am deutlichsten zum Ausdruck. ‚Potentiale‘ verweist als Plural auf die Vielfalt der Freiheitskonzeptionen der Reformation, die sowohl ihre Kohärenz als auch ihre Divergenz erkennen lassen. Sie erstrecken sich im Namen des befreienden Evangeliums von der Glaubensfreiheit des Gewissens bis zur Freiheit von Leibeigenschaft. Sie sind einerseits im Spätmittelalter verankert und bedeuten andererseits einen tiefgehenden Bruch mit dem mittelalterlichen Sinngefüge von Kirche, Theologie, Frömmigkeit, Recht, Ökonomie und Gesellschaft. Der ‚qualitative Sprung‘, mit dem die Reformationskirchen dieses Traditionsgefüge hinter sich ließen, bestimmt den Protestantismus bis zum heutigen Tage.

In ihrer ambivalenten Geschichte zeigten die verschiedenen protestantischen Konfessionsrichtungen von Anfang an auch Potentiale der Verengung, Unterdrückung und Gewalt. Die im Verlauf der Reformation artikulierten Befreiungen und Freiheiten wurden partiell in wenigen Jahren realisiert, etwa durch die Abschaffung des Opferpriestertums und die Neugestaltungen des Gottesdienstes, andere wurden erst in den folgenden Jahrhunderten zur Dynamik der Veränderung. Und manche liegen als noch nicht verwirklichte Potentiale und neu wahrzunehmende Kraftfelder der Kirchenreform vor uns. Diese Spannung zwischen Geschichte, Gegenwart und Zukunft der Reformation bestimmt den inhaltlichen Duktus des Buches, damit aber auch das Miteinander von Vertrautheit und Fremdheit der Reformation, von historischer Distanz und verheißungsvoller Erneuerungskraft.

Wir danken unseren beiden Frauen für vielfältigen Rat beim Entstehen des Buches. Dank gebührt auch der Assistentin Heidrun Munzert (Erlangen) sowie den beiden wissenschaftlichen Hilfskräften Magnus Löfflmann (Erlangen) und Thomas Renkert (Heidelberg) für die sorgfältigen Korrektur- und Registerarbeiten, der Sekretärin Siglinde Scholz für das zuverlässige Schreiben des Manuskripts und nicht zuletzt dem Verlag Mohr Siebeck, insbesondere Herrn Dr. Henning Ziebritzki und Frau Ilse König, für die wie immer ausgezeichnete Zusammenarbeit.

Erlangen / Heidelberg, im Mai 2008

Berndt Hamm
Michael Welker

Inhalt

1. Kapitel

Die Emergenz der Reformation[1]

Berndt Hamm

In der prominenten Reihe ‚Enzyklopädie deutscher Geschichte' erschien 2005 das sehr lesenswerte Buch von Olaf Mörke ‚Die Reformation: Voraussetzungen und Durchsetzung'[2]. Das Buch bietet eine prägnante Bilanz der Reformationsforschung, ihrer Grundprobleme und Tendenzen, und formuliert zugleich Aufgaben für die Zukunft. Die Herausforderung für die künftige Reformationsforschung sieht Mörke vor allem darin, Kirchen- und Allgemeingeschichte noch stärker zu verklammern, um dem damaligen Zusammenspiel religiöser, gesellschaftlicher, politischer und kultureller Kräfte gerecht zu werden. Ziel einer solchen geschichtlichen Synthese sei es, „Voraussetzungen und Durchsetzung der Reformation auf ein Erklärungsmodell zuzuführen, das sowohl den langfristigen Wandlungsprozessen als auch den ereignishaft greifenden Impulsen um 1520 Rechnung trägt"[3].

[1] Dem folgenden Kapitel liegt ein Vortrag zugrunde, der zur Eröffnung des Sommersemesters 2008 an der Theologischen Fakultät der Humboldt-Universität Berlin gehalten wurde. Für anregende Diskussionen zum Thema ‚Emergenz' danke ich meinem Vater, dem Chemiker Reiner Hamm, Dorothea Wendebourg und Volker Leppin.

[2] Olaf Mörke: Die Reformation. Voraussetzungen und Durchsetzung, München 2005 (= Enzyklopädie deutscher Geschichte 74).

[3] Ebd., S. 137.

In der Tat bemühen wir uns in der Reformationsforschung seit Jahren um ein Erklärungsmodell, das aus den Sackgassen einseitiger Reduktionen herausführt, das die Reformation als Etappe eines allmählichen Veränderungsgeschehens aus dem Mittelalter heraus mit starken Elementen der Kontinuität begreift und das sie zugleich als kontingentes Geschehen einer rapiden Systemveränderung und epochalen Transformation mit starken Elementen des Bruchs und Sprungs gegenüber dem Spätmittelalter versteht[4]. Vor allem ist, wie ich meine, ein Erklärungsmodell gefragt, das intelligent genug ist, auch das historisch nicht Erklärbare der Reformation als integrativen Bestandteil in einem geschichtlich plausiblen Verlaufsmodell zu verankern, ohne eine ‚transzendente' Erklärungsinstanz zu Hilfe zu nehmen.

Im Folgenden versuche ich, einem derartigen Interpretationsmodell ein Stück weit näher zu kommen, indem ich in die Reformationsforschung den Begriff der ‚Emergenz' einführe[5]. Er spielte in der Wissenschaftsgeschichte des 20. Jahrhunderts eine große Rolle, beginnend in den zwanziger Jahren und dann zunehmend seit den siebziger Jahren[6].

---

[4] Vgl. Berndt Hamm: Wie innovativ war die Reformation?, in: Zeitschrift für historische Forschung 27 (2000), S. 481–497. Dieser Aufsatz war eine Antwort auf das Buch von Bernhard Jussen, Craig Koslofsky (Hg.): Kulturelle Reformation. Sinnformationen im Umbruch 1400–1600, Göttingen 1999 (= Veröffentlichungen des Max-Planck-Instituts für Geschichte 145).

[5] Aufmerksam wurde ich auf die theologische Anwendungsmöglichkeit des Emergenzbegriffs durch die Arbeiten von Michael Welker. Vgl. insbesondere seinen grundlegenden Aufsatz: Das Reich Gottes, in: Evangelische Theologie 52 (1992), S. 497–512, vor allem S. 506–509: „Das Reich Gottes als Emergenzgeschehen".

[6] Zum Emergenzbegriff und zu seiner Geschichte vgl. die Literatur in Anm. 23 und 24.

Von diesen hochaktuellen emergenztheoretischen Ansätzen möchte ich aber zunächst absehen, um mit sehr einfachen Überlegungen zur Etymologie zu beginnen. Der Begriff ‚Emergenz' kommt von lat. ‚emergere': auftauchen, emportauchen, sich zeigen, sichtbar werden; und entsprechend hat der alte englische Begriff ‚emergence' sowohl die wörtliche Bedeutung des Auftauchens aus dem Wasser als auch den übertragenen und weiten Sinn des In-Erscheinung-Tretens, Zum-Vorschein-Kommens und Sich-deutlich-Entfaltens. Charakteristisch für all diese naturhaften und geistigen Emergenzphänomene des Auftauchens ist ihre unterschiedliche Zeitdauer auf der Skala zwischen langsamer, prozesshafter Allmählichkeit und schneller, ereignishafter Plötzlichkeit. Sehr anschaulich wird der Allmählichkeitscharakter von Emergenz zum Beispiel, wenn man beobachtet, wie ein Nilpferd gemächlich aus dem Wasser auftaucht und sich so die ganze prächtig gerundete Fülle seines Leibes aus den Fluten erhebt, langsam in der Dehnung der Zeit. So gesehen bedeutet Emergenz allmähliches Hervortreten aus dem Ereignisfluss. Auch wenn dieses sichtbare Hervortreten plötzlich und abrupt geschieht, steht es doch in einem Kontinuitätszusammenhang zum vorherigen Zustand: Nur das kann auftauchen, was vorher schon submergent – bildlich gesprochen: unter der Wasseroberfläche – vorhanden war. Was auftaucht, ist zwar in seinem Erscheinungscharakter neuartig: wir sehen, was vorher so nicht sichtbar war; qualitativ-essentiell aber hängt das Emergente unmittelbar mit dem vorher Submergenten zusammen. In diesem Sinne bewirkt Emergenz nichts wesentlich Neues, sondern nur einen neuen Zustand oder eine Neu-Konfiguration dessen, was vorher schon vorhanden oder prinzipiell angelegt war.

Dieses einfache Emergenzmodell des ‚Zum-Vorschein-Kommens' kann man in solchen Geschichtsmodellen wiederfinden, die sehr stark die Einbettung der Reformation im Spätmittelalter und ihr kontinuierliches Hervortreten aus spätmittelalterlichen Entstehungsvoraussetzungen betonen. Unter den gegenwärtigen Kirchenhistorikern vertritt Volker Leppin am pointiertesten eine derartige Sicht Luthers, Zwinglis und des gesamtgesellschaftlichen Vorgangs der Reformation[7]. In einem packenden programmatischen Vortrag vor der Leipziger Akademie[8] beschrieb er sehr perspektivenreich den theologischen, kulturellen und institutionellen Übergang vom ausgehenden Mittelalter zur voll ausgebildeten Reformation als „Transformationsprozess". Die Prozess-Terminologie ist bezeichnend, denn Leppin charakterisiert die reformatorischen Veränderungen als Entfaltungen und schubhafte Verstärkungen mittelalterlicher Tendenzen, nicht aber als innovative Sprünge und Brüche. Seinen Ausgangspunkt nimmt er bei bemerkenswerten spätmittelalterlichen Polaritäten, insbesonders bei den Gegensätzen zwischen der spätscholastischen Lehrbildung und antischolastischen Richtungen, zwischen einer stark veräußerlichenden und quantifizierenden ‚Repräsentationsfrömmigkeit' und einer verinnerlichenden Frömmigkeitshaltung, die den unmittelbaren Kontakt der Seele zur nahen Gnade akzentuiert,

---

[7] Vgl. Volker Leppin: Martin Luther, Darmstadt 2006.

[8] Volker Leppin: Die Wittenberger Reformation und der Prozess der Transformation kultureller zu institutionellen Polaritäten, Sitzungsberichte der Sächsischen Akademie der Wissenschaften zu Leipzig, Philol.-hist. Klasse 140/4, Stuttgart-Leipzig 2008. Herr Leppin hat mir den Text dankenswerterweise schon vor der Publikation zur Verfügung gestellt.

oder zwischen einer forcierten kirchlichen Klerikalisierung und der zunehmenden Betonung der Laienverantwortung für den Heilsgewinn und die Kirchenreform. Auch auf der kirchenpolitisch-institutionellen Ebene sieht Leppin solche Polaritäten, vor allem die Gegenläufigkeit zwischen der Stärkung eines zentralisierenden Papalismus und einer dezentralisierenden Verselbständigung von Nationalkirchen wie in Frankreich oder von territorialen bzw. städtischen Kirchentümern wie in Deutschland. Indem die Obrigkeiten zunehmend die Kirchenhoheit an sich ziehen, kommt es schon vor der Reformation im Widerspruch gegen die päpstlichen Superioritätsansprüche zu einer Partikularisierung der kirchlichen Landschaft. Die Reformation, keimhaft beginnend mit Luthers theologischer Entwicklung – einer Art von Emergenz des im Klosterleben untergetauchten Augustinermönchs –, entsteht nach Leppins Vorstellung durch selektive Verstärkung einer bestimmten spätmittelalterlichen Veränderungsdynamik, d. h. einer forcierenden Weiterführung besonders jener scholastikkritischen, verinnerlichenden, laikalen und dezentralisierenden Tendenzen, die ich gerade erwähnte. Indem die Gegner Luthers und der entstehenden reformatorischen Bewegung die gegenläufigen Tendenzen des Spätmittelalters, sozusagen die andere Seite des 15. Jahrhunderts, ebenso selektiv aufnehmen, entsteht seit 1518 eine Konfrontationslage, in der sich die Gegner in Aktion und Reaktion hochschaukeln, bis sich am Ende, nach dem Schmalkaldischen Krieg, die polaren Konfessionsblöcke verfassungsrechtlich verfestigen. Diese „nachhaltige Systemveränderung“ ist in Leppinscher Terminologie letztlich das Resultat einer schon im Spätmittelalter angelegten Polarität, die sich im 16. Jahrhundert durchaus innovativ, aber immer kontinuierlich, ohne qualitative Sprünge und ohne nichtherleitbare Brüche weiterentwickelt.

Bevor ich diesem Erklärungsmodell eine andere Reformationstheorie mithilfe eines anders strukturierten Emergenzbegriffs zur Seite stelle, möchte ich zunächst die Fruchtbarkeit dieses Interpretationsansatzes gegenüber einer traditionell überpointierenden kirchenhistorischen Umbruchsthese hervorheben. Volker Leppin steht mitten in einer neueren Forschungsrichtung, die seit den späten sechziger Jahren des 20. Jahrhunderts nicht nur aus allgemeinhistorischer Perspektive, sondern gerade auch aus theologie- und kirchengeschichtlicher Sicht die starke Verankerung der Reformatoren und der verschiedenen reformatorischen Impulse und Richtungen in den Traditionen des Spätmittelalters betont. Erwähnung verdienen in dieser Hinsicht besonders die Arbeiten Heiko Augustinus Obermans. Er wies nicht nur auf die hohe Bedeutung des spätmittelalterlichen Nominalismus für Luther hin[9], sondern zeigte vor allem, wie sehr die Neuformierung von Luthers Gnadentheologie der sehr pointierten Sünden- und Gnadenlehre in seinem Orden der Augustinereremiten verpflichtet war[10]. Man kann daher mit guten Gründen erwägen: Möglicherweise war nur in einem observanten Augustinerkonvent jene spirituelle und theologische Konstellation möglich, aus der die reformatorische Veränderung von Theologie, Frömmigkeit und Kirche hervorgehen (‚emergieren‘)

---

[9] Vgl. Heiko Augustinus Oberman: Luther. Mensch zwischen Gott und Teufel, Berlin 1982, S. 126–130.

[10] Vgl. Heiko Augustinus Oberman: Werden und Wertung der Reformation. Vom Wegestreit zum Glaubenskampf, Tübingen 1977 (= Spätscholastik und Reformation, Bd. 2), S. 82–140: „Augustinrenaissance im späten Mittelalter“.

konnte. Aus diesem Blickwinkel fällt in Luthers Werdegang ein besonderes Gewicht auf die Schlüsselrolle seines Ordensvorgesetzten, geistlichen Mentors und Lehrers Johannes von Staupitz, der dann nicht nur als Seelsorger, sondern auch als profilierter Theologe einer paulinisch-christozentrischen Prädestinationslehre ernstgenommen wird[11]. Damit kommen auch jene Tischreden und Briefpassagen zur Geltung, in denen Luther betont, dass eigentlich Staupitz die evangelische Lehre angefangen habe[12].

Johannes von Staupitz ist nur ein besonders eindrückliches Beispiel für den unmittelbaren Zusammenhang von Spätmittelalter und Reformation. Generell gibt es keine Gestalt der Reformation, die der prägenden Herkunft aus vorreformatorischen Wurzeln nicht Entscheidendes verdankt; und es gibt keine theologischen Ideen, keine gottesdienstlichen Veränderungsperspektiven, keine Frömmigkeitsäußerungen, keine kirchenpolitischen Kräfte und keine sozialen Impulse der Reformation, die nicht einen Vorlauf im 14. bis frühen 16. Jahrhundert hatten und ohne diese spätmittelalterliche Dynamik verstanden werden könnten. Das gilt selbst für die reformatorischen Ausschließlichkeitsformulierungen ‚solus Christus', ‚sola gratia', ‚sola fide' und ‚sola scriptura'. Die Jahrzehnte vor Luthers Auftreten hallten wider von einem vielfältigen ‚solus, solus, solus'[13]. Vor allem

[11] Vgl. ebd., S. 97–118. Zu weiterer Staupitz-Literatur vgl. BERNDT HAMM: Artikel ‚Staupitz, Johann[es] von', in: Theologische Realenzyklopädie 32 (2000), S. 119–127.

[12] Vgl. besonders WA.TR 1,245,11 f. (Nr. 526) und Brief Luthers an Kurfürst Johann Friedrich vom 27. März 1545, WA.B 11,67,5–8 (Nr. 4088).

[13] Vgl. BERNDT HAMM: Von der spätmittelalterlichen reformatio zur Reformation. Der Prozeß normativer Zentrierung von Religion und

aber ist die Reformation insgesamt mit all ihren politischen, sozialen, mentalen und kulturellen Implikationen mit dem Spätmittelalter zusammen eingebettet in langfristige Vorgänge des Wandels, die bereits vor dem 14. Jahrhundert beginnen und über das 16. Jahrhundert hinausreichen: in Veränderungsformationen der Verinnerlichung, Rationalisierung, Individualisierung, Laisierung, Bildung, Disziplinierung, normativen Zentrierung oder ‚Entzauberung' der Welt. Man kann die konfessionellen Gründe gut verstehen, die vor allem eine protestantische Reformations-Memoria stets dazu bewegten, den epochalen Umbruchcharakter der Reformation als tiefe gesamtgesellschaftliche Zäsur zu deuten. Heute manövriert sich aber jede Art von Geschichtsschreibung in ein historiographisches Abseits, wenn sie die reformatorische Innovationsdynamik nicht im Kontext der spätmittelalterlichen Innovationen und Traditionen versteht. Dazu gehören auch die kirchenkritischen Reformimpulse des Renaissance-Humanismus um 1500.

Ebenso wichtig wie diese entwicklungsgeschichtliche Verwobenheit von Spätmittelalter und frühneuzeitlicher Reformation ist mir aber die andere Seite der Geschichte, die mich zur Kritik am Erklärungsmodell Volker Leppins nötigt. Dieses Verlaufsmodell, das die Reformation als prozesshafte Verstärkung und selektive Zuspitzung spätmittelalterlicher Tendenzen versteht, reicht nicht aus, um den systemsprengenden Innovationscharakter der Reformation insgesamt zu verstehen. Zwar enthält die Reformation in ihrer vielseitigen Komplexität manche Entwicklungsstränge, die man als kon-

Gesellschaft in Deutschland, in: Archiv für Reformationsgeschichte 84 (1993), S. 7–82: hier S. 36–41.

tinuierliche, verstärkende und beschleunigende Fortsetzung eines spätmittelalterlichen Impetus interpretieren kann, z.B. die Intellektualisierung der Laien, insbesondere die Förderung der Lesefähigkeit und der Lesebedürfnisse von Männern, Frauen und Kindern. Die popularisierenden und katechetisierenden Bildungsimpulse des 15. Jahrhunderts, die darauf drängten, dass die kirchliche Glaubenslehre in ihren elementaren Grundzügen von jedem Christenmenschen verstanden und durchbuchstabiert werden kann, bewirkten in der Reformation einen Schub der volkssprachlichen Laienkatechese. Es gab also durchaus dieses ungebrochene und zugleich forcierte Weiterlaufen bestimmter spätmittelalterlicher Veränderungs- und Reformkräfte. Das ändert aber nichts daran, dass die Reformation als ganze gegenüber dem spätmittelalterlichen Gesamtgefüge von Kirche, Theologie und Frömmigkeit einen systemverändernden Umbruch bedeutete, der zum Zerbrechen der Kircheneinheit im Westen führte. Der Grund dafür lag darin, dass es in vielen Bereichen der Gesellschaft, beginnend in den Klöstern und humanistischen Bildungszirkeln und zu allererst in der Theologie der frühen Vorlesungen Luthers seit 1513[14], zu tiefgreifenden qualitativen Sprüngen und Brüchen kam, die vom Spätmittelalter her gesehen weder planbar oder

[14] Vgl. KARL-HEINZ ZUR MÜHLEN: Artikel ‚Luther II' in: Theologische Realenzyklopädie 21 (1991), S. 530–567: hier S. 531–533; REINHARD SCHWARZ: Luther, Göttingen 1986 (= Die Kirche in ihrer Geschichte, Bd. 3, Lief. I), S. 23–37; DERS.: Fides, Spes und Caritas beim jungen Luther unter besonderer Berücksichtigung der mittelalterlichen Tradition, Berlin 1962; JARED WICKS: Man Yearning for Grace. Luther's Early Spiritual Teaching, Wiesbaden 1969; BERNDT HAMM: Naher Zorn und nahe Gnade. Luthers frühe Klosterjahre als Beginn seiner reformatorischen Neuorientierung, in: Christoph Bultmann, Volker

prognostizierbar waren noch rückblickend aus spätmittelalterlichen Tendenzen herleitbar sind. Diese zahlreichen, einander beeinflussenden und akzelerierenden Sprünge von reformatorischer Qualität schufen in nur drei Jahrzehnten eine kirchliche und gesellschaftliche Gesamtkonstellation, die auch das kontinuierlich vom Spätmittelalter her Übernommene in den Innovationssog des Systembruchs hineinzog. So war z.B. die massenhafte Produktion von Druckerzeugnissen schon ein vorreformatorisches Phänomen, vor allem auf dem Ablassmarkt[15]. Die Reformation aber machte das gleiche Medium des Drucks mit beweglichen Lettern zum Instrument ihrer systemsprengenden Kritik nicht nur am Ablasswesen, sondern an jeder Form des Heilserwerbs und der Jenseitsvorsorge. Man kann also sagen: Viele Teilaspekte des Ganzen, das wir Reformation nennen, sind nicht neu; neu aber ist das Ganze in seiner Mischung aus Alt und Neu.

Was ich damit relativ abstrakt formuliert habe, soll an einem Beispiel aus der Theologie verdeutlicht werden. Es zeigt, was wir uns unter einem innovativen Sprung von reformatorischer Qualität vorzustellen haben[16]. In den Jahrzehnten vor der Reformation, zwischen 1450 und 1520, gibt es bei einigen Theologen die starke Tendenz, die Gnaden-

---

Leppin und Andreas Lindner (Hg.): Luther und das monastische Erbe, Tübingen 2007, S. 111–151.

[15] Vgl. Falk Eisermann: Der Ablaß als Medienereignis. Kommunikationswandel durch Einblattdrucke im 15. Jahrhundert. Mit einer Auswahlbibliographie, in: Rudolf Suntrup, Jan R. Veenstra (Hg.): Tradition and Innovation in an Era of Change / Tradition und Innovation im Übergang zur Frühen Neuzeit, Frankfurt a. M. u.a. 2001, S. 99–128.

[16] Zum Folgenden vgl. Hamm: Wie innovativ (wie Anm. 4), S. 490f.

zuwendung der göttlichen Barmherzigkeit, vor allem durch die Passion Christi, in einer Weise zu maximalisieren, dass die vom Menschen geforderte Eigenbeteiligung auf ein Minimum herabgeschraubt werden kann. Dem schwachen Sünder wird etwa gesagt: Wenn du schon keine wahre Reue, d.h. keinen herzlichen Schmerz über deine Sünden empfinden kannst, dann empfinde wenigstens Schmerz darüber, dass du keinen Schmerz empfinden kannst, und vertraue dich dem göttlichen Erbarmen, dem unendlichen Wert des Leides Christi an[17]. Im Rahmen der mittelalterlichen Reue- und Schmerzkultur wird also eine affektive Entlastung bis zu einem Minimum eigenen Schmerzempfindens angeboten. Der qualitative Sprung der Reformation aber liegt dann im Schritt vom Minimum zum Nichts.

Spätestens 1518 kommt Luther zu der Auffassung: Die Sündenvergebung hängt überhaupt nicht am Reueschmerz des Sünders, sondern allein an Gottes Barmherzigkeit und am Glauben, der sich diese Barmherzigkeit schenken lässt[18]. Verglichen mit den spätmittelalterlichen Verschiebungen zu einer christozentrischen Barmherzigkeitstheologie ist

[17] Bemerkenswert ist, dass diese Bußlehre auch in Luthers Orden der Augustinereremiten Fuß fasste und besonders pointiert vertreten wurde, z.B. von den Erfurter Theologieprofessoren Johannes (Bauer) von Dorsten (gest. 1481) und Johannes (Jeuser) von Paltz (gest. 1511). Vgl. Berndt Hamm: The Reformation of Faith in the Context of Late Medieval Theology and Piety. Essays, hg. von Robert J. Bast, Leiden / Boston 2004, S. 88–127.

[18] Ein wichtiges Dokument dieser Neuorientierung Luthers sind seine Thesen vom Frühsommer 1518: ‚Pro veritate inquirenda et timoratis conscientiis consolandis conclusiones', WA 1, (629) 630–633, vor allem die Thesen 8, 9 und 18. Vgl. dazu Oswald Bayer: Promissio. Geschichte der reformatorischen Wende in Luthers Theologie, Göttingen 1971, S. 164–202, besonders S. 182–202.

das neue Rechtfertigungsverständnis Luthers eine fast schon logische Fortsetzung und doch ein kontingenter qualitativer Sprung. Das Innovative besteht vor allem darin, dass Luther seinen Blick völlig vom mittelalterlichen Fragehorizont der ausreichenden Buße löst, also von der Frage: Welche Qualität und welches Quantum an Reue, Beichte, Satisfaktionsleistung bzw. Ablasserwerb sind notwendig und ausreichend für die Tilgung von Sündenschuld und ewiger wie zeitlicher Sündenstrafe? Auch Staupitz fragte noch nach der „genugsamen" Reue, die den Sünder in eine heilsame Beziehung zur allgenugsamen Passion Christi setzt[19]. Für Luther erübrigt sich diese Frage, weil er die Annahme des Menschen zum Heil von den Bedingungen einer affektiven und operativen Bußfähigkeit des Menschen radikal unabhängig macht. Genau das ist seine ‚Entdeckung' der christlichen Freiheit als einer durch Gott geschenkten Freiheit von allen fordernden Gesetzen der Religion.

So tiefgreifend diese und andere Innovationen im Bereich des reformatorischen Rechtfertigungsverständnisses sind, so deutlich ist doch auch, dass hier eine spätmittelalterliche Zentrierung auf den Gnadenreichtum der Passion Christi, auf Erbarmen, Entlastung, Trost und Vertrauen hin weitergeführt wird. Diese Verbindung von Kontinuität und qualitativem Sprung ist charakteristisch für viele Bereiche und Facetten des reformatorischen Wandels. Man denke nur an das Eingreifen städtischer und fürstlicher Obrigkeiten in den Verlauf der Reformation. Vom Spätmittelalter her gesehen

[19] Vgl. Lothar Graf zu Dohna, Richard Wetzel: Die Reue Christi. Zum theologischen Ort der Buße bei Johann von Staupitz, in: Studien und Mitteilungen zur Geschichte des Benediktiner-Ordens und seiner Zweige 94 (1983), S. 457–482.

war das völlig naheliegend, da die Obrigkeiten mit der Rolle vertraut waren, in Konkurrenz zu den Bischöfen ihre herrschaftliche Zuständigkeit und Verantwortung in den kirchlichen Bereich auszudehnen und als Hoheit über kirchliche Institutionen, Gebäude und Personen, über Finanzen und Reformen wahrzunehmen. Der reformatorische Sprung zeigt sich auf dieser politischen Ebene darin, dass die Obrigkeiten nicht nur die Hoheit über das äußere Kirchenwesen, sondern auch die Verantwortung für theologische, liturgische und kirchendisziplinäre Inhalte einer evangelischen Neuordnung übernehmen.

So veranstalten sie – wie erstmals in Zürich 1523 – Disputationen und Religionsgespräche, um am Maßstab der Heiligen Schrift über die rechte Lehre zu befinden[20]. Statt wie früher mit den Bischöfen zu konkurrieren, setzen sie sich nun mit ihrer geistlichen Vollmacht an die Stelle der Bischöfe. Dieser Bruch mit dem hierarchischen Prinzip war eine Konsequenz aus Luthers neuer Lehre vom allgemeinen Priestertum. Auch diese Lehre hat einen spätmittelalterlichen Vorlauf, insbesonders in mystischen Vorstellungen von der priesterlichen Gottunmittelbarkeit andächtig lebender Menschen[21]. Doch sprengte die reformatorische Ablehnung aller klerikalen Weihegrade ebenso wie der Fundamental-

---

[20] Vgl. Bernd Moeller: Zwinglis Disputationen. Studien zu den Anfängen der Kirchenbildung und des Synodalwesens im Protestantismus, in: Zeitschrift der Savigny-Stiftung für Rechtsgeschichte, Kan. Abt. 56 (1970), S. 275–324; 60 (1974), S. 213–364.

[21] Vgl. Volker Leppin: Transformationen spätmittelalterlicher Mystik bei Luther, in: Berndt Hamm, Volker Leppin (Hg.): Gottes Nähe unmittelbar erfahren. Mystik im Mittelalter und bei Luther, Tübingen 2007, S. 165–185: hier S. 183 f.; ders.: Die christliche Mystik, München 2007, S. 80–110.

angriff auf die Ordensgelübde die spätmittelalterlichen Rahmenbedingungen einer kritisch relativierenden Einstellung zu Klerus und Mönchtum.

Es dürfte damit deutlich geworden sein, was ich unter den innovativen Sprüngen und Brüchen der Reformation verstehe. Wir konnten sehen, wie diese prägnanten Zäsuren immer mit bestimmten Traditionssträngen und Innovationsschüben des Spätmittelalters verbunden waren und doch etwas ganz Neues, Spontanes und Ereignishaftes in der Geschichte bedeuten, das die Traditions- und Innovationslinien des Mittelalters unterbricht. Etwas grundlegend Fremdes tritt in die Geschichte, das in dieser fremdartigen Andersartigkeit dem Rahmen des bisher Gewohnten und Denkbaren nicht historisch assimiliert werden kann[22]. Herkunft ist in der Reformation gekoppelt mit Ereignis, kontinuierlicher Prozess mit Kontingenz, die den kontinuierlichen Verlauf abbricht. Damit ist eine deutliche Absage an alle Geschichtsmodelle formuliert, die das Verhältnis von Spätmittelalter und Reformation mit organischen Kategorien wie ‚Keim' oder ‚Wurzel', ‚Entfaltung' und ‚Entwicklung' erfassen wollen und so eine keimhafte Rückimplementierung des Späteren im Früheren intendieren. Anders formuliert: Alles, was in der Reformation Herkunft und transformie-

[22] Diesen Aspekt des historisch nicht assimilierbaren ‚Fremden' verdanke ich einem noch ungedruckten Aufsatz des Züricher Neutestamentlers Hans Weder: Die Frucht des Fremden, erscheint im Tagungsband: Fremd, vertraut oder anders? Beiträge zu einem denkmaltheoretischen Diskurs, hg. von Marion Wohlleben. Bei Weder geht es um die Beobachtung, dass das neutestamentliche ‚Evangelium' mit der zeitgenössischen Gestalt des Frühjudentums intensiv verflochten ist und doch gegenüber der jüdischen Religion etwas grundlegend Fremdes, „ein qualitativer Sprung in der Gotteswahrnehmung" ist.

rendes oder beharrendes Weiterlaufen bisheriger Tendenzen ist, gerät in so vielfältige Verbindungen mit qualitativen Sprüngen, dass kirchlich und gesellschaftlich eine veränderte Gesamtkonstellation des Umbruchs entsteht: im Ergebnis die feindlich einander gegenüberstehenden Konfessionssysteme des späten 16. Jahrhunderts. Nichts spricht freilich dagegen, dass man auch umgekehrt den epochalen Umbruch der Reformation und der Konfessionsbildung in jene langfristigen kulturellen Wandlungsvorgänge integriert sieht, von denen ich bereits gesprochen habe: Verinnerlichung, Rationalisierung, Laisierung etc. Es ist daher durchaus geboten, die Reformation aus fatalen Epochenisolierungen und heroisierenden Mythen des absolut Neuartigen zu befreien. Eine so wohltuend integrierende und relativierende Langzeitperspektive ändert aber nichts an der Faszination des Sprunghaften in der Reformation. Es kann nicht eingeebnet werden in die kausale Erklärbarkeit kontinuierlich voranschreitender und resultathafter Entwicklungs- und Transformationsprozesse. Seine frappierende Fremdheit gegenüber dem Vorherigen wird daher nicht weginterpretiert.

An dieser Stelle möchte ich vor allem betonen: Die Absage an ein einfaches Prozessmodell und die Betonung kontingenter Ereignisse, Sprünge und Brüche ist nach meinem Verständnis kein Rückzug in das Unerklärbare und in ein numinos-mythisches Operieren mit ‚dem Geheimnisvollen in der Geschichte'. Im Gegenteil: Es handelt sich um einen durch und durch rationalen Schritt von einem einfachen zu einem komplexen Emergenzmodell, das gerade auch unerklärliche Faktoren geschichtlicher Sprünge in eine umfassende Erklärungstheorie einbezieht. Die anspruchsvollen Emergenztheorien der Philosophie, der Systemtheorie, der

Natur- und Humanwissenschaften[23] haben in den vergangenen Jahrzehnten auf ganz unterschiedlichen Forschungsgebieten und mit einer gewissen Affinität zur mathematisch-physikalischen Chaosforschung herausgearbeitet, dass grundsätzlich Veränderungen in komplexen Systemen, ob anorganischer oder pflanzlicher, tierischer oder menschlicher Art, in spontanen, ereignishaften und ‚chaotischen' Sprüngen geschehen. Die Neukonfigurationen eines Systems sind dann grundsätzlich unprogrammiert und unerklärbar, d.h. weder planbar oder vorhersehbar noch nachträglich herleitbar, also irreduzibel – ganz in der Art, wie die Neukonfiguration der Reformation aus der vorhergehenden Geschichtskonfiguration um 1500 ebenso wenig ableitbar wie prognostizierbar war.

Emergenz in diesem komplexen Sinne ist also nicht wie die einfache Emergenz, von der ich anfangs sprach, ein nilpferdhaftes Kontinuum des Auftauchens und Sich-Entfaltens, sondern eine überraschende, sprunghafte Zäsur des In-Erscheinung-Tretens. Wer die Reformation so versteht und damit ihre Emergenz gerade nicht lückenlos erklären, d.h. kausal ableiten kann und will, stellt die Geschichtswissenschaft in den größeren Zusammenhang all jener

[23] Vgl. Wolfgang Krohn, Günter Küppers (Hg.): Emergenz. Die Entstehung von Ordnung, Organisation und Bedeutung, Frankfurt a.M. 1992; Achim Stephan: Emergenz. Von der Unvorhersagbarkeit zur Selbstorganisation, Dresden 1998; John H. Holland: Emergence. From Chaos to Order, Oxford / New York 1998; Thomas Wägenbaur (Hg.): Blinde Emergenz? Interdisziplinäre Beiträge zu Fragen kultureller Evolution, München / Cambridge (Massachusetts) 2000; Jochen Fromm: The Emergence of Complexity, Kassel 2004; Robert B. Laughlin: Abschied von der Weltformel. Die Neuerfindung der Physik, München 2007.

zeitgenössischen Wissenschaften, die durch intelligente Emergenztheorien eine nicht-reduktionistische Perspektive entwickelt haben. In dieser Hinsicht sehe ich enge Berührungen zwischen der Reformationsforschung und z.B. einer Evolutionsbiologie, Evolutionären Anthropologie, Hirnforschung und Kognitionspsychologie, die die Eigenschaften des Lebendigen und Menschlichen nicht aus physikalischen und chemischen Einzelkomponenten herleiten[24]. Indem diese Wissenschaften emergenztheoretisch die überraschenden Sprünge als nicht erklärbares Evolutionsprinzip gelten lassen und damit eine konventionelle Form des Evolutionsdenkens preisgeben, bestätigen sie den Satz: „Das Ganze ist mehr als die Summe seiner Teile."[25]

Im Blick auf die Reformation aber ist noch etwas Anderes an den komplexen Emergenztheorien wesentlich und entscheidend. Sie gehen immer davon aus, dass die emergente Neukonfiguration eines Systems aus dem früheren Zustand hervorgeht. Das Neue setzt auf dem Vorausgehenden auf und ist von ihm konstitutiv abhängig. Man kann sich das Neue also gar nicht ohne das Bisherige vorstellen. Insofern bestätigt die moderne Emergenztheorie das reformationsgeschichtliche Grundphänomen der Herkunft, d. h. der intensiven kausalen Verknüpfung zwischen Spätmittelalter und Reformation bzw. zwischen den unterschiedlichen Strängen,

---

[24] Vgl. z.B. Achim Stephan: Emergenz in kognitionsfähigen Systemen, in: Michael Pauen, Gerhard Roth (Hg.): Neurowissenschaften und Philosophie, München 2001, S. 123–154; Wolfgang Welsch: Anthropologie im Umbruch. Das Paradigma der Emergenz, in: Das neue Bild vom Menschen – Perspektiven aus verschiedenen Disziplinen. Ringvorlesung an der Friedrich-Schiller-Universität Jena, Winter 2006/07 (DVD, Auditorium Netzwerk 2007).

[25] Vgl. Welker: Das Reich Gottes (wie Anm. 5), S. 506.

Bereichen und Stadien der Reformation. Die Emergenztheorie betont sogar, dass in den Einzelkomponenten des Neuen durchaus die Komponenten des Früheren enthalten sind – was die historische Annahme unterstreicht, dass nichts an der Reformation absolut neu ist: Alle ihre Leitbegriffe sind schon vorher da. Mit der Sprache der Emergenztheorie formuliert: Das Neue ist komponentiell vollständig mit den Kategorien des Bisherigen durchzubuchstabieren, ohne dass man damit allerdings den Charakter des Neuen hinreichend erfassen und erklären kann. Das Neue ist kausal nicht auf diese Komponenten und Kategorien des Bisherigen zu reduzieren. Es hat ein eklatantes ‚Mehr', das durch Sprünge und Brüche entsteht. Wie aber kommt es dazu? Was löst die Sprünge zwischen Spätmittelalter und Reformation und innerhalb der reformatorischen Vorgänge aus?

Die Emergenztheorie kann zur Erklärung der Sprünge nur so viel sagen, dass sie offensichtlich aus hochkomplizierten Wechselwirkungen zwischen den bisherigen Komponenten hervorgehen. Etwas verändert sich in der Kommunikation zwischen den Komponenten oder Teilen; und aus diesen nicht erklärbaren Veränderungen in den Wechselwirkungen ergeben sich die überraschenden Wendungen in der unbelebten und belebten Natur, in der großen Geschichte und in vielen kleinen Alltagsgeschichten, die Emergenz neuer Kommunikationslagen, das Auftreten neuer Formen und Ideen oder z.B. auch die überraschende Wende eines Gesprächs, Brüche im individuellen und im universalen Leben. Schon vor der Reformation gab es einen kirchen- und scholastikkritischen Humanismus, die Gravamina der deutschen Nation gegen die Macht- und Finanzpraktiken der Kurie und vielfältige kirchliche Reformströmungen mit dem Ruf nach einem gebildeteren, sittenstrengeren und seelsorgerlicheren Klerus[26]. Es gab ein brennendes Heilsverlangen, das in Angst, Unsicherheit und Leistungsdruck befangen blieb, forcierte Vorstellungen von der nahen Gnade Gottes und vielfältige Ideale einer biblischen und apostolischen Neuorientierung der Christenheit. Diese und viele andere Komponenten ließen in ihrer komplizierten Wechselwirkung die Reformation entstehen und wirkten in ihr weiter. Warum es aber gerade zu dieser und keiner anderen Kirchenreform gekommen ist und warum sie gerade diesen und keinen anderen Verlauf genommen hat, ist deshalb nicht kausal erklärbar, weil wir dem, was sich im Kommunikationsprozess zwischen den einzelnen Kräften, Personen und Impulsen sprunghaft veränderte, nicht auf die Spur kommen können.

Dies sei zum Schluss noch einmal an einem historischen Beispiel aus der Reformationsgeschichte veranschaulicht. Es ist zugleich ein Beispiel dafür, wie sich nicht nur der Übergang vom Spätmittelalter zur Reformation, sondern auch die Reformation selbst in Sprüngen bewegte[27]. Wir sehen eine brisante Kommunikationslage, aus deren Wechselwirkungen plötzlich etwas unvorhersehbar Neues entsteht. Im Oktober / November 1520 schrieb Luther seine berühmte Flugschrift

---

[26] Zur Verstärkung der Kirchenkritik in den Jahrzehnten 1490 bis 1520 vgl. Wilhelm Ernst Winterhager: Ablaßkritik als Indikator historischen Wandels vor 1517. Ein Beitrag zu Voraussetzungen und Einordnung der Reformation, in: Archiv für Reformationsgeschichte 90 (1999), S. 6–71.

[27] Zum folgenden Fallbeispiel vgl. die Quellennachweise bei Berndt Hamm: Freiheit vom Papst – Seelsorge am Papst. Luthers Traktat „Von der Freiheit eines Christenmenschen“ und das Widmungsschreiben an Papst Leo X.: eine kompositorische Einheit, in: Lutherjahrbuch 74 (2007), S. 113–132.

‚Von der Freiheit eines Christenmenschen' zusammen mit einem Sendbrief an Papst Leo X. Mehrere Personen spielten in der Vorgeschichte dieses Briefes und der Freiheitsschrift eine Rolle, vor allem der päpstliche Kammerherr Karl von Miltitz, der sich um eine friedliche Beilegung des Konflikts zwischen Luther und der Kurie bemühte, und Johannes von Staupitz, der ihn in diesem Vorhaben unterstützte. Im September 1520 erklärte sich Luther dazu bereit, privat ein Schreiben an den Papst zu richten, in dem er ihm versichert, niemals etwas gegen ihn persönlich im Schilde geführt zu haben. Von einer theologischen Schrift ist damals noch nicht die Rede. Der Plan, den Brief an den Papst mit einem beigefügten kleinen Traktat zu verbinden, taucht erstmals am 12. Oktober 1520 als Ergebnis eines Treffens zwischen Luther und Miltitz auf. Was war geschehen? Zwei Tage zuvor, am 10. Oktober, war die päpstliche Bannandrohungsbulle ‚Exsurge domine' in Wittenberg eingetroffen. Sie forderte von Luther, binnen 60 Tagen die 41 inkriminierten Sätze zu widerrufen sowie die Schriften, in denen die Irrtümer enthalten sind, zu verbrennen. Andernfalls habe Luther nach Ablauf der Widerrufsfrist als exkommuniziert zu gelten. Die Bulle verlangt also die völlige Unterwerfung unter die als irrtumsfrei geltende Autorität des Papsttums. Nur so könne Luther Glied der kirchlichen Heilsgemeinschaft bleiben. Vorausgesetzt ist die in der Bulle ‚Unam sanctam' 1302 formulierte und durch Papst Leo X. auf dem Fünften Laterankonzil 1516 bestätigte päpstliche Doktrin, dass es für jede menschliche Kreatur heilsnotwendig sei, dem römischen Pontifex untertan zu sein[28].

[28] „Porro subesse Romano Pontifici omni humanae creaturae de-

Luther reagierte auf dieses päpstliche Ansinnen mit dem Plan, an den Papst und alle Christenmenschen eine programmatische Freiheitsschrift zu richten, in der er die wahren Herrschafts- und Unterordnungsverhältnisse in der Christenheit offenlegt: Wer ist Herr über wen und worüber? Und wer ist wem untertänig? Indem er sein vorher schon entfaltetes ekklesiologisches und rechtfertigungstheologisches Freiheitsverständnis jetzt auf diese prinzipielle Herrschafts- und Dienstbarkeitsfrage zuspitzt, gibt er seiner Kommunikation mit dem Papsttum eine überraschende Wendung und eine neue theologische Struktur. In seinem Brief an den Papst betont er nun einerseits im Ton „brüderlicher Liebe" die völlige Untertänigkeit gegenüber der Person des Papstes, andererseits aber seine in der Heiligen Schrift gegründete absolute Glaubensfreiheit vom Papstamt, das er als „weit aufgesperrten Rachen der Hölle" bezeichnet. Ganz analog spricht er dann in der Freiheitsschrift von den zwei Existenzdimensionen des Christenmenschen, seinem freien Herrsein über alle Dinge im Glauben und seine dienstbare Untertänigkeit (‚Knechtschaft') unter alle Dinge und Personen aus Liebe.

In dieser Weise hat Luther seine endgültige Ablösung vom Papsttum und der Römischen Kirche vollzogen, und als Konsequenz hat er bald darauf, am 10. Dezember 1520,

---

claramus, dicimus, diffinimus omnino esse de necessitate salutis"; Bonifatius VIII.: Bulle ‚Unam Sanctam' vom 18. Nov. 1302, in: Enchiridion Symbolorum, hg. von Henricus Denzinger und Adolfus Schönmetzer, 36. Aufl., Freiburg i. Br. 1976, S. 281, Nr. 875. Die Bulle ‚Unam Sanctam' wurde durch Leo X. auf der 11. Sitzung des Concilium Lateranense V, am 19. Dez. 1516, durch die Bulle ‚Pastor aeternus gregem' bestätigt; vgl. Enchiridion Symbolorum, S. 355, vor Nr. 1445.

nicht seine eigenen Schriften, sondern das päpstliche Recht verbrennen lassen. All dies war eine Reaktion auf das Eintreffen der Bannandrohungsbulle, die er ebenfalls dem Feuer übergab[29]. Doch aus dem Faktum der Bulle lässt sich die Art der Reaktion Luthers nicht herleiten, auch nicht aus den Einzelkomponenten aller historischen Umstände und ebenfalls nicht aus seinen vorausgehenden theologischen Äußerungen oder persönlichen Verhaltensweisen. Wie er auf die bestürzende Androhung der Exkommunikation reagierte, mit einem gesteigerten Freiheitsbewusstsein und mit dieser besonderen Kombination von Freiheit und Untertänigkeit im Papstbrief und im Freiheitstraktat – das ist ein typischer Fall von nicht programmierter, weder voraussehbarer noch kausal deduzierbarer Emergenz, ein herausragendes Ereignis des Bruchs innerhalb einer ganzen Serie von Sprüngen und Brüchen in der Biographie Luthers und in der Verlaufsgeschichte der Reformation. Durch die Freiheitsschrift Luthers entstand eine neue Kommunikationslage unter seinen

[29] Die Bücherverbrennung vor dem Elstertor am 10. Dezember 1520 wurde zwar schnell und wird bis zum heutigen Tage auf das spektakuläre und programmatische Handeln Luthers reduziert. In Wirklichkeit aber war sie auch eine Aktion der Universität, zu der Melanchthon offiziell einlud und die offensichtlich von Johann Agricola organisiert und geleitet wurde. Als der von den anderen aufgerichtete und entzündete Scheiterhaufen brannte, trat auch Luther „zitternd und betend" (wie er dann Staupitz berichtete) vor und warf einen Druck der Bannandrohungsbulle ins Feuer. Vgl. Martin Brecht: Martin Luther. Sein Weg zur Reformation 1483–1521, Stuttgart 1981, S. 403 f. Schon bald nach den Ereignissen hat Luther die Bücherverbrennung ganz auf sein Handeln zugespitzt; vgl. seine Schrift ‚Warum des Papstes und seiner Jünger Bücher von D. Martin Luther verbrannt sind' (1520), WA 7,152–164 (mit der wohl zutreffenden Formulierung 161,9 f.: „durch meyn willen, rath unnd zuthat").

Anhängern und Gegnern; und die starke Öffentlichkeitswirkung dieser Flugschrift provozierte wieder neue Sprünge und Brüche, weil die Leser und Leserinnen die Freiheitsidee Luthers in ihre konkreten Lebenszusammenhänge übertrugen und ihr so neue, überraschende Wendungen gaben.

Auch Zwinglis reformatorische Anfänge in Zürich 1522/23, die mit einer intensiven Luther-Lektüre verbunden waren, kann man vom Leitbegriff der Freiheit her darstellen. Doch gibt er dem Freiheitsgedanken eine ganz andere Richtung als Luther, indem er betont, dass Gottes freie, souveräne Weltüberlegenheit keine Bindung seines rettenden Geistes an Kreaturen zulässt. Dieses starke Interesse Zwinglis an der ‚unendlichen Distanz' zwischen Schöpfer und Geschöpf verrät den nachhaltigen Einfluss seiner vorreformatorischen Beschäftigung mit Duns Scotus und dem spätmittelalterlichen Scotismus[30]. Doch zeigt sich auch hier eine emergente Konstellation des qualitativen Sprungs: Zwingli geht nicht wie Scotus und seine Schüler den Weg von der absoluten Souveränität Gottes, der potentia absoluta, hin zur geschichtlich-kreatürlichen Selbstbindung Gottes, sondern er hält – wie später auch Calvin – die absolute Freiheit Gottes, die er immer schon als freigebige Güte definiert, dauerhaft offen in ihrer Ungebundenheit gegenüber aller Kreatur[31]. Aus diesem religiösen Grundpostulat ist schon früh der Ge-

[30] Vgl. Daniel Bolliger: Infiniti contemplatio. Grundzüge der Scotus- und Scotismusrezeption im Werk Huldrych Zwinglis, Leiden 2003.

[31] Vgl. Berndt Hamm: Zwinglis Reformation der Freiheit, Neukirchen-Vluyn 1988, S. 43f. Zur Verbindung der voluntaristischen Konzeption der absoluten Freiheit Gottes mit der Konzeption der geschichtlichen Selbstbindung Gottes an einen bestimmten ‚ordo salutis' bei Johannes Duns Scotus vgl. ders.: Promissio, pactum, ordinatio.

gensatz zu Luther angelegt, der dann im Abendmahlsstreit ebenso wie in der Bilderfrage offen zu Tage tritt.

Die Freiheitsschrift Luthers ist ebenso wie Zwinglis neue Leitperspektive der Freiheit von Kreaturvergötterung ein gutes Beispiel für die emergente Kommunikationssituation der Reformation insgesamt. Diese ist ein harmonisch und dissonantisch vielstimmiges und ungemein variationsreiches Geschehen einer kirchlichen und gesellschaftlichen Neukonfiguration, in der sich Kontinuitäten der Herkunft und fließende Veränderungsvorgänge mit innovativen Sprüngen verbinden. Die Geschichte der Reformation ist eine Vernetzung und Wechselwirkung zwischen sich überlagernden Kontinuitäten von unterschiedlicher Dauer und interagierenden Sprüngen und Ereignisketten von unterschiedlicher Reichweite. Der Blick auf die modernen Emergenztheorien zeigt, dass diese Verlaufsstruktur völlig selbstverständlich und bei allen Neukonfigurationen komplexer Systeme regelhaft ist. Insofern ist die Reformation in ihrer Entstehung und ihrem Ablauf erklärbar, auch wenn sich die kontingenten Innovationssprünge selbst der Erklärbarkeit entziehen.

Wichtig für die Erklärung der Reformation ist vor allem die Beobachtung, dass es nicht nur die einzelnen emergenten Sprünge und Brüche von reformatorischer Qualität gab, sondern eine emergente Gesamtlage, durch die diese innovativen Einzelfaktoren erst ihre systemsprengende Effizienz erhielten. Möglich wurde die Reformation als kirchliches und gesellschaftliches Gesamtgeschehen nur, weil die einzelnen sprunghaften Innovationen, z.B. die neue Akzentu-

Freiheit und Selbstbindung Gottes in der scholastischen Gnadenlehre, Tübingen 1977, S. 345–354.

ierung des rechtfertigenden Glaubens, die neue Idee des allgemeinen Priestertums, die neue Proklamation der Freiheit vom Papsttum oder die neue normative Exklusivgeltung der Heiligen Schrift, in einem kommunikativen Zusammenspiel unterschiedlicher gesellschaftlicher Kräfte wirkungsmächtig wurden. Dabei kam in der Frühphase der Reformation auch der sozialen Unruhe in der Stadt- und Landbevölkerung eine Schlüsselrolle zu. Im Druck von unten verbanden sich genuin kirchlich-religiöse Impulse mit politischen Partizipations- und ökonomischen Entlastungsbestrebungen und dem Verlangen nach neuer biblischer Rechtsbegründung; und diese brisante Unruhesituation und Aufruhrbereitschaft übertrug sich auf das Reformationsverhalten der Obrigkeiten[32]. Eine derartige religiös-politisch-sozial-rechtliche Gemengelage ist typisch für das Interaktionsgeschehen der gesamten Reformation. Von daher versteht man auch, dass es zwar schon im Spätmittelalter viele überraschende, unableitbare Sprünge in Kirche, Religion, Wissenschaft und Künsten gab, worin aber der wesentliche Unterschied zur Reformationssituation des frühen 16. Jahrhunderts bestand: Es fehlte die Konstellation einer Gesamtlage, in der viele einzelne emergente Ideen und Impulse, einander anstoßend und verstärkend, die Reichweite eines großen systemverändernden Bruchs erreichen konnten.

Trotz allem Respekt vor den komplexen Emergenztheorien der Gegenwart und vor einer Generation von Forschern, die mit einer neuen Art von Demut den wissenschaftlichen Reduktionismus und Erklärungswahn früherer Generationen

---

[32] Vgl. PETER BLICKLE: Die Reformation im Reich, 3. Aufl., Stuttgart 2000.

überwunden haben, möchte ich als Kirchenhistoriker doch mit einer Sympathieerklärung für jene einfache Emergenzvorstellung schließen, die sich mit der schönen Metapher des hippopotamischen Aus-dem-Wasser-Auftauchens verbindet. Sie führt uns die geschichtliche Kategorie der Allmählichkeit vor Augen, die aus dem Blickfeld zu verschwinden droht, wenn man zu sehr auf Sprünge und Brüche fixiert ist. Hier sehe ich die problematische Einseitigkeit einer ‚seriellen' Geschichtsschreibung, wie sie Michel Foucault propagierte, indem er die Geschichte in kleinste Einheiten diskontinuierlicher Ereignisse und Daten zerlegen und wie ein Puzzle zusammensetzen wollte[33]. Dieser atomisierende Ansatz hat sein methodisches Recht, doch ist andererseits zu berücksichtigen, wie die geschichtlichen Sprünge in prozesshafte, zeitlich gedehnte Allmählichkeitsvorgänge und so in Kontinuitäten der Fortdauer und des Wandels eingebettet sind. Eine solche Sicht drängt sich z.B. auf, wenn man an die Reformation biographisch herangeht und beobachten kann, wie in einer Lebensgeschichte auch überraschende Wendungen und blitzartige Einsichten durch länger andauernde Klärungsprozesse vorbereitet sind und dann zu allmählichen Weiterentwicklungen führen und wie sich auch tiefe existentielle Brüche in einen Lebensbogen erfahrener Identität einfügen können. Auch der Blick auf lokale und regionale Reformationsvorgänge zeigt dieses Ineinandergreifen von überraschenden Wendungen und langfristigen Tendenzen des allmählichen Wandels und der Fortdauer. So

[33] Vgl. Michael Ruoff: Foucault-Lexikon. Entwicklung – Kernbegriffe – Zusammenhänge, Paderborn 2007, S. 181–183: Artikel ‚Serielle Geschichte' (mit Bibliographie der einschlägigen Passagen in den Schriften Foucaults).

gesehen ist es die Aufgabe der Geschichtsschreibung, den ‚gedehnten' Blick für das Allmähliche eines Verlaufsbogens und die Wahrnehmung der diskontinuierlichen Brüche und Sprünge zusammenzuhalten. Das Erklärungsmodell der Emergenz, wie es hier reformationshistorisch adaptiert und modifiziert wurde, kann dieser Aufgabe gerecht werden, weil es mit großer Offenheit für den spezifischen Aussageduktus der Quellen des 14. bis 16. Jahrhunderts die kontingent-sprunghaften und die kontinuierlich fließenden Phänomene in gleicher Weise ernstnimmt und in ihrer Zusammengehörigkeit begreift.

2. Kapitel

Die Einheit der Reformation in ihrer Vielfalt

Das Freiheitspotential der 95 Thesen vom 31. Oktober 1517

Berndt Hamm

Über die Vielfalt, die Gegensätze und die Zerstrittenheit der Reformation lässt sich mühelos und unerschöpflich reden. Der Briefwechsel des Straßburger Reformators Martin Bucer, der in Erlangen kritisch ediert wird, gibt davon einen überdeutlichen Eindruck: Ständig hat es Bucer damit zu tun, die auseinanderdriftenden Kräfte der Reformation zu bändigen. Blickt man auf den gerade erschienenen Briefband der Jahre 1531/32[1], dann wird man Zeuge davon, wie er sich mit Anhängern der lutherischen und schweizerischen Abendmahlslehre, mit Täufern, Spiritualisten und Antitrinitariern auseinandersetzt und wie seine Integrationsversuche immer wieder scheitern. Ausgehend von diesem Beispiel kann man sagen: Je mehr die Reformationsforschung voranschreitet, desto schwieriger ist es, von einer Gemeinsamkeit oder

[1] Martin Bucer Briefwechsel / Correspondance, Bd. 7 (Oktober 1531–März 1532), hg. und bearb. von Berndt Hamm, Reinhold Friedrich und Wolfgang Simon, Leiden / Boston 2008.

gar von einer ‚Einheit' in der Reformation zu sprechen[2]. Ich will es trotzdem versuchen, und die Erinnerung an das berühmte Datum des 31. Oktober 1517 ermöglicht es, bei diesem Vorhaben festen historischen Boden unter die Füße zu bekommen.

Zunächst einmal lenkt der Reformationsgedenktag den Blick auf eine einzige Gestalt und ihr bahnbrechendes Wirken: auf den Wittenberger Augustinermönch Martin Luther, der seit 1512 Theologieprofessor an der Universität des kleinen Elbestädtchens war, bisher Vorlesungen über die Psalmen, den Römerbrief und den Galaterbrief gehalten hatte und unter Ordensgenossen und einigen gelehrten Insidern als hoffnungsvoller Geheimtipp galt. Mit dem 31. Oktober 1517, dem Vortag des Allerheiligenfestes, und den unmittelbaren Folgen änderte sich, wie gleich zu sehen ist, seine Position schlagartig. Ob er an diesem Tag oder bald darauf wirklich zur Tat schritt und seine dann schnell berühmt werdenden 95 Thesen gegen den Ablass an die Türe der Schlosskirche von Wittenberg schlug, ist in der Forschung umstritten[3]. Er selbst äußerte sich dazu nicht.

---

[2] Vgl. die Diskussion über diese Frage in dem Buch von Berndt Hamm, Bernd Moeller und Dorothea Wendebourg: Reformationstheorien. Ein kirchenhistorischer Disput über Einheit und Vielfalt der Reformation, Göttingen 1995.

[3] Vgl. die jüngste Debatte zwischen Martin Treu („Der Thesenanschlag fand wirklich statt") und Volker Leppin („Geburtswehen und Geburt einer Legende"), in: Luther 78 (2007), S. 140–144 bzw. 145–150. Vgl. auch den demnächst erscheinenden Band von Joachim Ott und Martin Treu (Hg.): Faszination Thesenanschlag. Faktum oder Fiktion?, Leipzig 2008, darin besonders die beiden scharfsinnig und plausibel argumentierenden Beiträge Pro und Contra von Bernd Moeller und Volker Leppin (die sie mir freundlicherweise schon vor der Publikation zur Verfügung stellten). Den Argumenten Leppins ist

Vielleicht war der Thesenanschlag Luthers tatsächlich nur ein viele Jahre später entstandenes (erstmals in den vierziger Jahren nachweisbares) legendarisches Konstrukt seiner Wittenberger Freunde. Andererseits aber war es üblich und entsprach es den Wittenberger Universitätsstatuten, dass Thesen, die einen umstrittenen Stoff zur Klärung durch eine universitätsöffentliche Disputation vorlegten, an den Kirchentüren angeschlagen wurden – und Luther hat seine Ablassthesen für eine derartige Disputation verfasst, wie er gleich zu Beginn des Textes sagt: „Aus Liebe zur Wahrheit und aus Eifer, sie ans Licht zu bringen, sollen die folgenden Thesen unter dem Vorsitz des ehrwürdigen Vaters Martin Luther […] in Wittenberg disputiert werden. Darum bittet er alle, die nicht persönlich anwesend sein und mündlich mit uns die Sache erörtern können, dies in Abwesenheit schriftlich zu tun."[4] Nach dieser Einleitung war es naheliegend,

es zu verdanken, dass hinter meiner Vermutung, der Thesenanschlag habe doch stattgefunden, kein Ausrufezeichen, sondern ein sehr großes Fragezeichen steht. Auf die Einzelheiten der Diskussion kann ich im Folgenden nicht eingehen. Ich formuliere eine mir einleuchtende Wahrscheinlichkeit der Ereignisse und bin der Meinung, dass alle gravierenden Einwände, die gegen sie geltend gemacht wurden, in der Literatur und zuletzt eindrücklich von Moeller durch starke Gegenargumente erschüttert werden konnten. Es bleiben Unstimmigkeiten. Prinzipiell ist aber damit zu rechnen, dass Luther sich nicht so ‚konsequent' und ‚stimmig' verhielt, wie sich das Wissenschaftler des 20. und beginnenden 21. Jahrhunderts aufgrund eines subtilen Puzzles von Textstücken und Schlussfolgerungen zurechtlegten.

[4] „Amore et studio elucidande veritatis hec subscripta disputabuntur Wittenberge presidente r[everendo] p[atre] Martino Lutther, artium et s[acrae] theologie magistro eiusdemque ibidem lectore ordinario. Quare petit, ut qui non possunt verbis presentes nobiscum disceptare, agant id literis absentes. In nomine domini nostri Hiesu Christi. Amen." Martin Luther Studienausgabe, hg. von Hans-Ulrich Delius, Bd. 1, Berlin-

dass Luther seine Thesen, wahrscheinlich als Plakatdruck, sowohl durch ihre Versendung an andere Gelehrte als auch durch den öffentlichen Anschlag an Kirchentüren bekannt machte. Und naheliegend war es auch, dass ein solcher Anschlag am Vortag eines kirchlichen Festes, wenn die Gemeinde zur Kirche strömte, geschah.

Dazu gibt es eine analoge Geschichte, ebenfalls zum Ablassthema, die in das Erfurt der siebziger Jahre des 15. Jahrhunderts, vermutlich in das Jubiläumsablassjahr 1475, führt. Sie wird 1504 überliefert von Luthers Ordens- und Klostergenossen Johannes von Paltz (gest. 1511), der sie aus einem Ablasstraktat seines Lehrers, des Erfurter Augustinereremiten und Theologieprofessors Johannes von Dorsten (gest. 1481) abgeschrieben hat[5]. Dorsten erzählt hier, wie er einen Gelehrten, der die Wirksamkeit der Ablässe anzweifelte, von dieser ‚Anfechtung' befreien wollte („volens libe-

---

Ost 1979, S. 176,1–5. Vgl. auch das Faksimile bei Martin Brecht: Martin Luther. Sein Weg zur Reformation 1483–1521, Stuttgart 1981, S. 189. Diese Präambel bildete, wie man plausibel machen kann, von Anfang an eine Einheit mit dem folgenden Text der 95 Thesen. Da Luther sie am 31. Okt. 1517 seinem Brief an Kardinal Albrecht von Mainz und wohl auch dem gleichzeitigen Brief an Bischof Hieronymus Schulze beilegte (vgl. unten bei Anm. 9 und 10), waren beide Adressaten von Anfang an über den Dispuationsplan informiert, und es gab keinen triftigen Grund, weshalb Luther mit dem Anschlag der Thesen hätte warten sollen. Vgl. Heiko A. Oberman: Werden und Wertung der Reformation. Vom Wegestreit zum Glaubenskampf, Tübingen 1977, S. 189–192.

[5] Vgl. Johannes von Paltz: Supplementum Coelifodinae, hg. und bearb. von Berndt Hamm unter Mitarbeit von Christoph Burger und Venicio Marcolino, Berlin / New York 1983 (= Johannes von Paltz: Werke, Bd. 2), S. 20,16–22,13 (mit Kommentierung). Zu Johannes Rucherath von Wesel (weiter unten im Text) vgl. ebd., S. 15, Anm. 11 (mit Literatur).

rare a temptatione"). Als er darüber grübelte, mit welchen Argumenten er ihn am besten überzeugen könne, habe er einen Traum gehabt: Mit Mühe arbeitete er sich gemeinsam mit dem Gelehrten durch Dornengestrüpp bis zur Türe der Erfurter Pfarrkirche St. Johannes vor[6]. Dort fanden sie ein Schriftstück angeschlagen, das mit überzeugungskräftigen Argumenten für den Glauben an den Ablass eintrat[7] und vom ranghöchsten Erfurter Theologieprofessor verfasst und angeheftet worden war. An der Türe des gegenüberliegenden Gebäudes fanden sie ebenfalls eine Verteidigung des Ablasses, die der ranghöchste Erfurter Jurist verfasst und ebenfalls selbst angeschlagen hatte. Dieses Traumgesicht wurde Dorsten, wie er berichtet, in der Nacht vor dem Fest des hl. Nikolaus (5./6. Dezember) zuteil – der Vorstellung gemäß, dass der auf Öffentlichkeit zielende Anschlag der Ablasstexte an der Kirchentüre bzw. ihr gegenüber günstigerweise am Vortag eines Festes geschah. Das publikumswirksame Plakatieren von Schriftstücken zur Beeinflussung einer öffentlichen Debatte wurde in der zweiten Hälfte des 15. Jahrhunderts gang und gäbe. Wegen der scharfen Kritik

---

[6] Die alte Pfarrkirche St. Johannes, von der heute nur noch der Turm erhalten ist, stand in der Nachbarschaft des Erfurter Augustinereremitenklosters.

[7] „In ianua valvae erat scriptura in assere affixa, cuius verba mihi exciderunt. Sententia autem erat pro fide indulgentiarum suscipienda cum certis ad hoc persuasionibus." Paltz ebd., S. 21,13–15. – Zur Bedeutung des öffentlichen Anschlags von Schriftstücken in der zweiten Hälfte des 15. Jahrhunderts vgl. Falk Eisermann: *Vil grozer brefe sint angeslagen.* Typographie und öffentliche Kommunikation im 15. Jahrhundert, in: Nine Miedema, Rudolf Suntrup (Hg.): Literatur – Geschichte – Literaturgeschichte. Beiträge zur mediävistischen Literaturwissenschaft. Festschrift für Volker Honemann, Frankfurt a.M. u.a. 2003, S. 481–502.

des Ablasses als „frommen Betrugs" durch den ehemaligen Erfurter Theologen Johannes Rucherath von Wesel (gest. um 1479) war das Ablassthema zu Dorstens Zeit gerade in Erfurt von großer Brisanz. Dass in Dorstens Traum zwei herausragende, besonders glaubwürdige Persönlichkeiten zweier ehrwürdiger Fakultäten ihre Verteidigungen des Ablasses eigenhändig an den öffentlichen Türen befestigten, ist für ihn ein deutlicher Fingerzeig Gottes zugunsten der Heilskraft der Ablässe.

Dorsten und vor allem sein Schüler Paltz, der diese Geschichte im Druck verbreitete, geben hier und auch sonst als Professoren des Augustinereremiten-Ordens die Devise weiter: Die Frage nach der Gültigkeit und Reichweite des Ablasses ist ein hochwichtiges kirchliches und akademisches Thema, das wegen seiner seelsorgerlichen und aktuellen Brisanz an den Kirchentüren, in Disputationen, Schriften und Predigten ausgiebig verhandelt zu werden verdient. Luther nimmt diesen Faden auf – aber nun nicht zur Verteidigung der Ablässe, sondern in der Tradition Johannes Rucheraths von Wesel zum Angriff auf Ablasstheorie und -praxis. Nichts war naheliegender, als dass er seine Thesen dort anschlug, wo man sie erwartete: an den Kirchentüren, möglichst am Vortag eines Festes, und zwar in erster Linie an der Schlosskirche; denn sie war zugleich Kirche des Allerheiligenstiftes und Universitätskirche und bot am Allerheiligenfest den Gläubigen besonders üppige Ablässe. Was naheliegend war, muss freilich nicht tatsächlich so passiert sein. Doch spricht sehr viel dafür, dass Luther gerade an der Schlosskirche und vielleicht nur hier, sozusagen am ‚Schwarzen Brett' der Universität, seine 95 Ablassthesen am Tag vor Allerheiligen 1517 anschlug. So jedenfalls berichtet es Melanchthon 1546, während eine wohl etwas ältere Notiz von Luthers Mitarbeiter Georg Rörer allgemein von den Türen der Wittenberger Kirchen spricht, an die Luther seine Ablassthesen am Vorabend des Allerheiligenfestes 1517 angeschlagen habe oder habe anschlagen lassen[8].

Aber auch ganz unabhängig von dieser Frage, ob, wann und wie der Thesenanschlag Luthers stattgefunden hat, ist der 31. Oktober ein sehr wichtiges Erinnerungsdatum, dessen Bedeutung zunächst geklärt sein soll, um von da aus Einheit und Vielfalt der Reformation zu verstehen.

Historisch gesichert ist nämlich, dass Luther an diesem Tag vor dem Allerheiligenfest in seiner Klosterzelle etwas tat, was von viel größerer Tragweite als eine Bekanntmachung an der Tür der Schlosskirche war: Er unterzeichnet einen Brief an den Kurfürsten Albrecht von Brandenburg, den Erzbischof von Magdeburg und Mainz und Administrator des Bistums Halberstadt, in dem er scharfe Anklage gegen den Ablasshandel in dessen Hoheitsgebieten erhebt, und legt dem Brief die 95 Ablassthesen, wohl ein Druckexemplar, bei, die er, wie bereits gesagt, in ihrer Präambel ausdrücklich als Grundlage einer (demnächst stattfindenden) Disputation an der Theologischen Fakultät vorstellt[9]. Zugleich schickt er

---

[8] Die Texte von Melanchthon und Rörer finden sich bei Treu: Der Thesenanschlag, und Leppin: Geburtswehen (wie Anm. 3). Es kam auch vor, dass akademische Einladungen in Wittenberg nur an der Pfarrkirche angeschlagen wurden; vgl. z.B. Melanchthons Einladung an die „pia ac studiosa iuventus" zur Bücherverbrennung am 10. Dezember 1517, WA 7,183. Insofern ist die beliebte Bezeichnung ‚Schwarzes Brett der Universität' für die Schlosskirche nicht exklusiv zu verwenden.

[9] Brief an Albrecht von Brandenburg vom 31. Okt. 1517: WA.B 1, 108–113. Am Ende des Briefes weist Luther den Kardinal ausdrücklich auf die beigelegten Thesen („disputationes") hin: Wenn es ihm beliebt,

einen weiteren Brief – wohl ebenfalls mit einem Druck der 95 Thesen – an den für Wittenberg zuständigen Bischof von Brandenburg Hieronymus Schulze[10]. Luther wendet sich also mit seiner Kirchenkritik nicht nur an eine inneruniversitäre Öffentlichkeit, sondern auch an die Kirchenhierarchie, an die für die Ablassverbreitung verantwortlichen Männer. Er überschreitet damit sehr bewusst eine Grenze, weshalb er auch in späteren Rückblicken den 31. Oktober als grundlegende Zäsur und Beginn seines öffentlichen Auftretens gegen das Papsttum in Erinnerung behält[11].

Schon vorher hatte Luther allerdings in seinen ersten Vorlesungen bahnbrechende theologische Erkenntnisse über die Rechtfertigung des Sünders aus göttlicher Gnade allein gewonnen. Schritt für Schritt hatte er sich dabei aus den bisherigen Lehrkoordinaten der Kirche herausbewegt[12]. Die Art und Weise, wie er die unendliche Kluft zwischen Gott und Kreatur akzentuierte und die völlige Armseligkeit des Menschen unmittelbar mit dem absoluten Reichtum der be-

---

kann er aus den Thesen ersehen, „eine wie zweifelhafte Sache die Meinung vom Ablass ist" („quam dubia res sit indulgentiarum opinio"). Luther legt dem Kardinal die Thesen also nicht zur Approbation, sondern zur Information vor und kann also ohne weiteres am gleichen Tag zur Publikation der Thesen durch Anschlag und Versendung an weitere Personen schreiten.

[10] Zu diesem nicht mehr erhaltenen Brief vgl. WA.B 1,113 f.

[11] Vgl. Brief Luthers an Nikolaus von Amsdorf vom 1. Nov. 1527, WA.B 4,275,25–27 (Nr. 1164); WA.TR 2,467,27–32 (Nr. 2455a / b).

[12] Vgl. REINHARD SCHWARZ: Luther, Göttingen 1986 (= Die Kirche in ihrer Geschichte, Bd. 3, Lief. I); BERNDT HAMM: Naher Zorn und nahe Gnade. Luthers frühe Klosterjahre als Beginn seiner reformatorischen Neuorientierung, in: Christoph Bultmann, Volker Leppin und Andreas Lindner (Hg.): Luther und das monastische Erbe, Tübingen 2007, S. 111–151.

dingungslos beschenkenden Gerechtigkeit Gottes verband, war in ihrer Radikalität unerhört. Er trennte sich damit von dem bisherigen theologischen Lehrsystem der Universitäten, das in sehr variabler Weise den Menschen vor Gott auf seine operative, zum Heil mitwirkende Subjektrolle festlegte. Zum Abschluss kam dieser Ablösungsprozess in Luthers Thesen gegen die scholastische Theologie (‚Contra scholasticam theologiam'), die er für eine am 4. September 1517 angesetzte Bakkalaureatsdisputation verfasste[13], bereit, sie auch außerhalb Wittenbergs in einer breiteren Öffentlichkeit zu verteidigen[14]. Durch ihren programmatischen und öffentlichkeitsorientierten Charakter bilden diese Thesen mit den wenigen Wochen später entstandenen 95 Ablassthesen einen engen biographischen Zusammenhang.

Im Herbst 1517 verknüpfte Luther mit der grundsätzlichen Neuorientierung seiner theologischen Lehre einen Fundamentalangriff auf das herrschende Kirchensystem, der aus seinen bisherigen ekklesiologischen Äußerungen nicht herzuleiten ist und insofern ‚emergent' im Sinne eines qualitativen Sprungs war[15]. Er tat dies, indem er in den 95 Thesen dem Papst, dem Oberhaupt der abendländischen Christenheit, die Binde- und Lösegewalt über das Jenseits absprach. Die Autorität des Papstes wird horizontalisiert. Päpstliche und kirchenrechtliche Sanktionen, sagt Luther, können sich nur auf das Diesseits der Lebenden beziehen

---

[13] Vgl. Luther Studienausgabe, Bd. 1 (wie Anm. 4), S. 163–172.

[14] Vgl. die Einleitung zur ‚Disputatio contra scholasticam theologiam' in: Luthers Werke in Auswahl, Bd. 5, hg. von Erich Vogelsang, 3. Aufl., Berlin 1963, S. 311 f.

[15] Zu diesem Emergenzverständnis vgl. meinen Beitrag in diesem Buch ‚Die Emergenz der Reformation'.

und können daher nicht über den Tod hinaus in ein ominöses Fegefeuer hineinreichen; freisprechen kann der Papst daher auch nur von seinen eigenen irdischen Strafen, nicht aber von den Strafen Gottes[16]. Gottes Forum ist päpstlicher Vollmacht prinzipiell entzogen. Alles, was der Papst durch seine Plenarablässe mit angemaßter Autorität den Christen großmütig gegen eine Geldzahlung in Aussicht stellt, die Befreiung von allen Sündenstrafen, hat der glaubende und bußfertige Mensch auch ohne den Papst völlig umsonst[17]. Im Blick auf die Jenseitsaussichten des Menschen, auf Heil und

---

[16] Vgl. These 5: „Papa non vult nec potest ullas penas remittere praeter eas, quas arbitrio vel suo vel canonum imposuit"; These 13: „Morituri per mortem omnia solvunt et legibus canonum mortui iam sunt habentes iure earum relaxationem." Luther Studienausgabe, Bd. 1 (wie Anm. 4), S. 176,14f. und 178,3f. Auch von der Sündenschuld (culpa), betont Luther, kann der Papst nicht freisprechen; er kann nur deklarativ (nicht effektiv) ihre Vergebung durch Gott aussprechen; so These 6: „Papa non potest remittere ullam culpam nisi declarando et approbando remissam a Deo." Ebd., S. 176,16f.

[17] Vgl. These 36: „Quilibet christianus vere compunctus habet remissionem plenarium a pena et culpa etiam sine literis veniarum sibi debitam." Ebd., S. 180,3f. – Luther spricht hier in einer für die 95 Thesen charakteristischen Weise von der wahren Reue, nicht vom Glauben, der allerdings stillschweigend vorausgesetzt wird. Denn Thema der Thesen ist der Bußernst des geheiligten Christenlebens, nicht die Rechtfertigung aus Glauben; vgl. unten S. 58–60. – Luthers Ordensvorgesetzter, Seelsorger und Lehrer Johannes von Staupitz hatte wenige Monate vorher, in seinen Nürnberger Predigten der vorösterlichen Fastenzeit 1517 (die auszugsweise durch den Nürnberger Ratsschreiber Lazarus Spengler überliefert wurden), die gleiche Auffassung vertreten, dass einem Sünder, der eine herzliche Reue über seine Missetaten empfindet, „auch on allen ablas" die Schuld und alle Sündenstrafen, ewige und zeitliche (des Fegefeuers), vergeben werden. Vgl. Johann von Staupitzens sämmtliche Werke, hg. von Joachim Karl Friedrich Knaake, Potsdam 1867, S. 2,23–26 und 3,15–18.

Seligkeit – immerhin die alles entscheidende Zielperspektive der damaligen Religiosität und Kirche – ist der Papst also absolut überflüssig. Ja, die unter seiner Autorität groß herausposaunten Ablässe sind sogar ausgesprochen schädlich, weil sie die arme Christenheit religiös auf eine falsche Fährte setzen – als könnten die sündigen Menschen sich auf diese Weise Heilsgewissheit erkaufen[18].

Indem Luther in den 95 Thesen die Ablassthematik aufgreift, stellt er also die herrschende Kirchenhierarchie von ihrem päpstlichen Haupt her radikal in Frage. Er proklamiert damit, wie in den folgenden Monaten und Jahren noch klarer hervortritt, eine neuartige Unmittelbarkeit des glaubenden Menschen zu Gott und zu seinem befreienden Vergebungswort: die Freiheit eines Christenmenschen, die bereits in den 95 Thesen als Freiheit vom Papst, von den Ablässen und allen trügerischen Sicherheitsangeboten der Kirche präsent ist. Es ist daher höchst bezeichnend, dass Luther wenige Tage später, am 11. November 1517, erstmals einen Brief – und danach viele weitere Briefe – in gut humanistischer Gräzisierungsmanier als „Martinus Eleutherius", als „Martin der Befreite", unterschreibt[19]. Gleichzeitig ändert er die Schreibweise seines Familiennamens aus Luder in Luther, indem er so das „th" von Eleutherius in seinen Familiennamen hineinnimmt und damit seinen Namen

---

[18] Vgl. außer den Thesen selbst besonders den Brief Luthers an Kardinal Albrecht von Brandenburg vom 31. Okt. 1517 (wie Anm. 9), S. 111,15–36.

[19] Vgl. BERND MOELLER, KARL STACKMANN: Luder – Luther – Eleutherius. Erwägungen zu Luthers Namen, Göttingen 1981 (= Nachrichten der Akademie der Wissenschaften in Göttingen, I. Philol.-hist. Klasse 1981, Nr. 7).

etymologisch erklärt: Jetzt bin ich Luther, der Befreite, der durch das göttliche Wort der Heiligen Schrift aus dem Gewissensgefängnis scholastischer Lehrtraditionen, kirchlicher Sicherheitsillusionen und römischer Menschensatzungen Befreite. Dieses so gewichtige persönliche Geschehen einer Namensänderung signalisiert also ein neues Unabhängigkeits- und Bindungsbewusstsein Luthers: Gebunden bin ich allein durch die biblische Wahrheit. Der erste Brief, den er nicht mehr als Luder, sondern als Luther unterzeichnete, war eben jener Brief, den er am 31. Oktober 1517 zusammen mit den Thesen an Albrecht von Brandenburg sandte[20] – also ein Ereignis von geballter Symbolik, zu dem gut passen würde, dass er dann auch noch zur Schlosskirche eilte und an ihrer Türe die Thesen mit demonstrativem Elan anschlug, und zwar selbstverständlich mit seiner neuen Namensform (die prompt auch in die bald darauf erschienenen Leipziger und Nürnberger Plakat-Nachdrucke der Thesen übernommen wurde). ‚Dramatisierende Symbolik': so könnte man in der Tradition des Luthertums die Vorgänge stilisieren, wenn ein solcher Thesenanschlag an den Wittenberger Kirchentüren nach akademischem Brauch nicht etwas völlig Naheliegendes, Normales und Undramatisches gewesen wäre. Das Aufsehenerregende lag nicht im Faktum des Anschlags, sondern im Inhalt des Angeschlagenen. So erklärt sich auch Luthers Schweigen über den Thesenanschlag am besten.

In der monumentalisierenden Erinnerungskultur des Luthertums lenkte die Geschichte vom Thesenanschlag durch seine Dramatisierung bis heute immer wieder vom Ent-

[20] Die Unterschrift lautet: „Martinus Luther Aug[…] Doctor S. Theologiae vocatus." WA 1,112,69–71.

scheidenden ab. Das Wesentliche und Aufsehenerregende damals war das theologische, kirchliche und seelsorgerliche Befreiungspotential, das in den Thesen selbst und im Begleitschreiben an den Erzbischof steckte und das dann in kurzer Zeit durch das Medium des Buchdrucks ein „publizistisches Erdbeben"[21] auslöste. Luther selbst hatte im Blick auf die geplante Disputation vermutlich sofort einige Druckexemplare herstellen lassen, beabsichtigte aber nicht die schnelle und weite Verbreitung seiner Thesen durch den Druck; andere aus seinem gelehrten Umkreis, Kollegen und Freunde, sorgten dafür. Durch die Thesen wurde Luther so reichsweit und bald auch über die Grenzen des Reichs hinaus zur öffentlichen Person. Das Berühmtwerden Luthers[22], das nun einsetzte, die elektrisierende Wirkung seiner Schriften und seiner öffentlich inszenierten Auftritte in Heidelberg 1518, Leipzig 1519 und Worms 1521, hilft zu erklären, weshalb man von einer gewissen Einheit der Reformation sprechen kann. Darauf möchte ich genauer eingehen, bevor abschließend verständlich werden soll, weshalb uns diese Gemeinsamkeit immer in einer spannungsreichen Pluralität begegnet. Warum begründete das von den 95 Thesen ausgelöste Medienereignis[23] eine innere Einheit der Reformation – ‚Einheit' nicht im Sinne von Einheitlichkeit oder Einförmigkeit,

---

[21] Volker Leppin: Martin Luther, Darmstadt 2006, S. 117.

[22] Vgl. Bernd Moeller: Das Berühmtwerden Luthers, in: Zeitschrift für historische Forschung 15 (1988), S. 65–92; wieder abgedruckt in: ders.: Luther-Rezeption. Kirchenhistorische Aufsätze zur Reformationsgeschichte, Göttingen 2001, S. 15–41.

[23] Vgl. Berndt Hamm: Die Reformation als Medienereignis, in: Jahrbuch für Biblische Theologie 11 (1996): Glaube und Öffentlichkeit, Neukirchen-Vluyn 1996, S. 137–166.

sondern im Sinne einer Kohärenz gemeinsamer Grundorientierungen, die den Bruch mit dem mittelalterlichen Kirchen-, Lehr- und Frömmigkeitsgefüge vollziehen und markieren?

Mit den 95 Thesen begann die Publikationslawine der Frühreformation, die massenhafte Verbreitung von Flugschriften, d. h. kleinerer, preisgünstig zu erwerbender Druckschriften, die das Thema der Kirchen- und Glaubensreform programmatisch, propagandawirksam und polemisch in Text und Bild unter die Leute brachten. Der erfolgreichste Flugschriftenautor war Luther selbst. Schon zum Jahresende 1519 waren wahrscheinlich mehr als 250 000 Exemplare seiner Schriften auf dem Markt, und dies bereits, bevor seine besonders verbreiteten ‚Hauptschriften' des Jahres 1520 erschienen[24]. An die Gelehrten wandte sich Luther – wie in den 95 Thesen – in lateinischer Sprache. Für die ‚Laien', die Nicht-Studierten, verfasste er seine Flugschriften in der Volkssprache. Wichtig an diesem Vorgang ist, dass Luther so nicht nur vom Hörensagen bekannt wurde, sondern durch ein Medium, das seine Gedanken in authentischer und präziser Form an Menschen aller Stände, Schichten und Berufsgruppen, an Männer und Frauen herantrug. Wer nicht lesen konnte, bekam Luthers Schriften zuhause oder in der Öffentlichkeit, auf Plätzen, in Wirtshäusern oder von der Kanzel, vorgelesen.

Entscheidend aber war vor allem, dass die vielen Prediger, die wichtigsten Multiplikatoren in einer Ära ohne

---

[24] Vgl. MOELLER: Luther-Rezeption (wie Anm. 22), S. 33. Vgl. auch THOMAS HOHENBERGER: Luthers Rechtfertigungslehre in den reformatorischen Flugschriften der Jahre 1521–22, Tübingen 1996, besonders S. 15–35.

Zeitungen und elektronische Medien, intensiv Luther lasen und sich seine Ideen aneigneten, darunter so bedeutende Prediger wie Huldrych Zwingli in Zürich, Martin Bucer in Straßburg, Johannes Brenz in Schwäbisch Hall, Andreas Osiander in Nürnberg oder Thomas Müntzer in Zwickau. Ohne Luther in irgendeiner Weise heroisieren zu wollen, muss man konstatieren, dass es keinen Reformator, keinen reformatorischen Prediger und Flugschriftenverfasser, keine reformatorische Strömung und Konfession gab, die nicht durch Luther zumindest wesentliche Anfangsimpulse empfangen hatte. Und es ist diese überragende Präsenz Luthers in den frühen Reformationsmedien, diese Dominanz der Luther-Rezeption in allen Regionen, in allen Bereichen und auf allen Ebenen der Reformation und das immer wieder auffallend hohe Maß an genauer Luther-Kenntnis und Luther-Verstehen[25], die eine bemerkenswerte inhaltliche Gemeinsamkeit der Träger der Reformation über alle Schlagworte und Etikettierungen hinaus garantierten.

Selbstverständlich verstand jeder Luther auf seine eigene Weise, und die Menschen wurden durch das, was sie verstanden, auf höchst unterschiedliche Weise aktiviert, ein Prediger anders als ein Ratsschreiber oder Handwerker, die Frau eines Kaufmanns anders als eine Bäuerin, ein Reichsritter anders

---

[25] Vgl. z.B. Paul A. Russell: Lay Theology in the Reformation. Popular Pamphleteers in Southwest Germany, 1521–1525, Cambridge 1986; Martin Arnold: Handwerker als theologische Schriftsteller. Studien zu Flugschriften der frühen Reformation (1523–1525), Göttingen 1990; Bernd Moeller, Karl Stackmann: Städtische Predigt in der Frühzeit der Reformation. Eine Untersuchung deutscher Flugschriften der Jahre 1522 bis 1529, Göttingen 1996 (= Abhandlungen der Akademie der Wissenschaften in Göttingen, Philol.-hist. Klasse, 3. Folge, Nr. 220).

als ein Landesfürst[26]. Durch das verbindende Band der Luther-Rezeption aber wurden den in verschiedene Richtungen strebenden Rezipienten gemeinsame religiöse Grundstandards vermittelt, die für die Reformation insgesamt bestimmend wurden und hinter die niemand mehr zurückfallen konnte, ohne als altgläubiger ‚Papist' zu gelten.

Es gibt überraschend viele Perspektiven reformatorischer Gemeinsamkeit, jedenfalls weit mehr, als man normalerweise – unter dem starken Eindruck innerreformatorischer Vielfalt und Zerstrittenheit – vermuten würde[27]. Nur wenige kann ich exemplarisch erwähnen. Ins Auge fällt besonders das gemeinsame Legitimationsprinzip der Heiligen Schrift allein (sola scriptura). Das Normverständnis der römisch-katholischen Kirche war und ist dagegen von pluraler Komplexität: Die Autorität der Bibel und ihres vierfachen Schriftsinns wird von der römischen Kirche eingebunden in die Auslegungsautorität der konziliaren und päpstlichen Lehrdefinitionen und der kirchlichen Kult-, Rechts- und Frömmigkeitstraditionen. In einem solchen Normgefüge kann die Bibel nicht als Grundlagen- und Protesturkunde gegen Institutionen und Traditionen geltend gemacht werden. Genau das aber geschieht in der Reformation, indem gesagt wird: Nicht die Kirche mit dem Papst an der Spitze hat die Hoheit, die Heilige Schrift auszulegen, d. h. ihrem hierarchischen Deutungsschema anzupassen; vielmehr hat die Heilige Schrift die Kirche auszulegen, d. h. sie auf ihre bi-

[26] Vgl. Miriam Usher Chrisman: Conflicting Visions of Reform. German Lay Propaganda Pamphlets, 1519–1530, Atlantic Highlands 1996.

[27] Vgl. meinen 33-Punkte-Katalog in dem Buch: Hamm, Moeller und Wendebourg: Reformationstheorien (wie Anm. 2), S. 88–96.

blische Begründung hin kritisch zu befragen und zu reinigen. Es ist eine Umpolung der Autoritäten, ein atemberaubender Autoritätensturz, der durch diese Freisetzung der kirchenkritischen und kirchengestaltenden Energien des biblischen Gotteswortes ausgelöst wird.

Wie das geschieht und wie schnell eins aus dem andern folgt, zeigt der durch Luthers 95 Thesen eröffnete Streit um den Ablass. Der Ablass war scheinbar ein kirchlicher und theologischer Nebenschauplatz. Doch dieser Schein trügt, denn der Ablass stand im Zentrum der damaligen Frömmigkeitspraxis[28], und in ihm liefen wie in einer Drehscheibe fast alle elementaren Problemlinien der Kirche zusammen: die Macht- und Autoritätsproblematik, die Seelsorgeproblematik, die Finanzproblematik und dabei stets die Hauptfrage, was den Menschen letztlich Sündennachlass und Heil garantiert. Indem Luther den damals von Papst Leo X. gewährten Petersablass attackierte und zugleich die kritische Norm der biblischen Schrift kirchlich aktualisierte, brachte er in wenigen Monaten das ganze Autoritäts-, Rechts- und Lehrgefüge zum Einsturz, das die Ablasspraxis legitimierte. Die Einsichten, die er in diesem Konflikt mit Rom von 1517 bis 1519 formulierte, bildeten für die Folgezeit die Basis reformatorischer Gemeinsamkeit. In fünf Punkten will ich diese tragenden Grundeinsichten, den Ertrag des Ablassstreits, zusammenfassen: Es sind dies fünf Punkte, die uns zugleich unaufdringlich die Aktualität der Reformation heute vor Augen stellen können.

---

[28] Vgl. Robert Swanson (Hg.): Promissory Notes on the Treasury of Merits. Indulgences in Late Medieval Europe, Leiden / Boston 2006.

I. Die Fülle des Heils und die völlige Freiheit von Schuld und Strafe im Glauben

Im grundlegenden Barmherzigkeitsgeschehen der Menschwerdung, Passion und Auferstehung Jesu Christi ist den schuldbeladenen Menschen, bevor sie irgendetwas tun können, die Fülle der Sündenvergebung und des Heils geschenkt. Persönlich empfange ich diese göttliche Gnadenfülle im Glauben. Glaube aber ist nicht eine subtile Vorleistung des Menschen, sondern ein durch Gott selbst, durch seinen inspirierenden Geist freigesetztes Einstimmen-Können, indem ich mich voller Vertrauen beschenken lasse und sage: Ja, es ist so, wie mir Gott sagt und verspricht: Mir ist alle Sündenschuld und -strafe vergeben, und als Kind Gottes bin ich jetzt schon, ohne irgendetwas dazu beitragen zu müssen, Erbe der ewigen Seligkeit und angenommen zum Heil. Ich muß also keinen qualitativen und moralischen Minimalstandards genügen, um von Gott zur himmlischen Seligkeit akzeptiert zu werden.

Auch spätmittelalterliche Theologen – wie vor allem die Vertreter der Schulen des Duns Scotus und Wilhelm von Ockham – konnten betonen, dass die Seligkeit des Menschen letztlich allein an der freien göttlichen Annahme (acceptatio) liegt und dass Gott, wenn er wollte, den Sünder ohne irgendeine Bedingung auf Seiten des Menschen akzeptieren könnte. Zugleich aber heben sie hervor, dass Gott sich in seiner Freiheit an eine bestimmte Heilsordnung gebunden und sich innerhalb dieser geltenden Ordnung auf bestimmte Bedingungsverhältnisse festgelegt hat. Sie besagen, dass niemand ohne den inneren Habitus einer wahren Gottes- und Nächstenliebe und ohne Akte einer wahren Liebesreue von

Gott zur Seligkeit akzeptiert wird[29]. De facto also gibt es nach allgemein-katholischer Lehre keine bedingungslose Annahme des sündigen Menschen zum Heil. Wer anders lehrt, wird vom Konzil von Trient verdammt; und völlig zutreffend wird diese andersartige Lehre der Reformation so definiert: „Das Evangelium ist die nackte und unbedingte („absolute") Verheißung des ewigen Lebens ohne die Bedingung der Befolgung der Gebote."[30]

Für die theologischen Grundlagen der Reformation ist es wesentlich, dass Gottes rettende Gnade die vollständige Sündenvergebung und die letztgültige Annahme zur Seligkeit von der Voraussetzung der Lebenserneuerung des Menschen und seinen Akten des Gebotsgehorsams absolut unabhängig gemacht hat. Die unterschiedlichen Anhänger der Reformation bekennen daher gemeinsam, dass der sündige Mensch allein durch den empfangenden Glauben und nicht durch die Aktivität der Werke gerecht und heil wird.

---

[29] Vgl. Berndt Hamm: Promissio, Pactum, Ordinatio. Freiheit und Selbstbindung Gottes in der scholastischen Gnadenlehre, Tübingen 1977, S. 340–377.

[30] „Si quis hominem iustificatum et quantumlibet perfectum dixerit non teneri ad observantiam mandatorum dei et ecclesiae, sed tantum ad credendum, quasi vero evangelium sit nuda et absoluta promissio vitae aeternae sine condicione observationis mandatorum: anathema sit." Enchiridion Symbolorum, hg. von Henricus Denzinger und Adolfus Schönmetzer, 36. Aufl., Freiburg i.Br. 1976, S. 379, Nr. 1570.

II. Keine genugtuenden und verdienstvollen Werke des Menschen

Wenn dies aber so ist, wenn mir so geschieht, wie Gott in seinem Evangelium verspricht, und mir jetzt schon alle Sündenschuld und alle Sündenstrafen erlassen sind, dann muss ich zu Lebzeiten keine Sündenstrafen abarbeiten, genauso wenig wie ich durch fromme Werke die himmlische Seligkeit verdienen kann und muss. Die gesamte katholische Religiosität, in der Luther und seine Zeitgenossen aufwuchsen, funktionierte nach dem Modell einer Lebensversicherung mit Eigenbeteiligung: Die grundlegenden Kosten hat Gott durch das Sühneleiden seines Sohnes übernommen. Nur so ist das von Gott Trennende, nur so sind Schuld und ewige Höllenstrafe, zu überwinden. Der Sünder aber muss nach Empfang der rechtfertigenden Gnade und Sündenvergebung Gottes auch noch etwas Eigenes zur Erlösung beitragen, das zwar im Vergleich zu dem, was Christus für ihn getan und erlitten hat, absolut wertlos ist, das ihm aber doch abverlangt wird. Weil er seine Sünden als selbstverantwortliche Person begangen hat, will Gott ihn auch an der Befreiung von den Sünden und an der Erlösung als handelndes Subjekt beteiligen und hat deshalb ein bestimmtes Quantum an zeitlichen Sündenstrafen festgesetzt, die der Sünder möglichst alle noch zu Lebzeiten durch genugtuende Werke tilgen soll. Solche Satisfaktionsleistungen erbringt der Mensch etwa durch Fasten, Gebete, Wallfahrten, Almosen an die Armen oder Stiftungen an die Kirche, also durch besonders fromme Aktivitäten, zu denen man als Christ nicht ohnehin kraft der Gebote Gottes verpflichtet ist; und solche Frömmigkeitsanstrengungen gelten nach der Lehre der Kirche auch als besonders verdienstlich im Blick auf den Lohn der himmlischen Seligkeit. Die gleichen guten Werke beteiligen den Menschen also auf zweifache Weise am Heilserwerb: indem sie zum einen als genugtuende (*satisfaktorische*) Werke das Minus auf seinem Strafkonto verringern, zum andern als verdienstvolle (*meritorische*) Leistungen die Lohnqualität der himmlischen Seligkeit erhöhen.

Luther bricht mit diesem Lohn- und Strafgefüge und mit seinen abgestuften Quantitäten und Qualitäten. Die 95 Thesen und die folgenden Publikationen Luthers machen deutlich, dass eine kausale Beteiligung des sündigen Menschen an seinem Heilserwerb völlig undenkbar ist. Es gibt keine Genugtuungen und Verdienste, weil die Tilgung der Strafe und die Heilsgabe der Seligkeit allein in den souveränen Wirkungsbereich der schenkenden Güte und Barmherzigkeit Gottes fallen. Für die gesamte Reformation wird diese Position Luthers grundlegend und maßgeblich.

III. Kein Fegefeuer und kein Ablass, sondern bedingungslose Vergebung Gottes

Die Konsequenzen, die in dieser Position liegen, sind nun noch weiter zu entfalten. Die mittelalterliche Doktrin besagte, dass Gott allein weiß, welches Quantum an zeitlicher Sündenstrafe ein Mensch abbüßen muss, bevor er ins Paradies eingehen kann. Der Mensch selbst lebt daher immer in der Ungewissheit – für viele eine quälende und panische Ungewissheit –, ob seine Satisfaktionsleistungen ausreichen. Gelingt es ihm nämlich zu Lebzeiten nicht, das ihm von Gott zugemessene Strafquantum abzuarbeiten, dann muss er nach dem Tode im Fegefeuer die Reststrafe unter furchtbarsten Qualen abbüßen. In dieser bedrohlichen Situation bieten ihm die Ablässe einen willkommenen Ausweg aus der Angst, und zwar kleinere und größere Ablässe bis hin zum päpstlichen Sonderangebot eines Plenarablasses, einer vollständigen Tilgung des gesamten Strafkontos. Am besten ist es, sagten die Ablassprediger, wenn man nach Reue, Beichte und priesterlicher Absolution eifrig gute Werke tut, aber zur Sicherheit auch noch Ablässe erwirbt. Gute Werke, die über das ohnehin von Gott Gebotene hinausgehen, sind auf jeden Fall nützlich und kostbar, weil sie wegen ihrer Verdienstlichkeit die Seligkeitsqualität im Himmel, d. h. die Intensität der Gottesschau, steigern. Aber man kann nie wissen, ob sie ausreichen, um alle von Gott auferlegten Sündenstrafen zu tilgen und vor dem Fegefeuer zu bewahren. Daher soll man die zusätzliche Chance des Ablasserwerbs auf jeden Fall nutzen.

Die besondere päpstliche Gnadenbewilligung des Jubiläumsablasses, wie er vor und nach 1500 wiederholt in Deutschland vertrieben wurde, bot für den Kauf eines Ablassbriefes eine zweifache Möglichkeit des Plenarablasses: einmal für die Gegenwart und zum anderen für die Zukunft, d. h. insbesondere für die Todesstunde. Händigte dann der Sterbende dem Priester den Ablassbrief aus, konnte er nach der Beichte den vollkommenen Ablass für alle zeitlichen Sündenstrafen empfangen und in der Hoffnung sterben, vor dem Fegefeuer bewahrt zu werden und direkt in den Himmel zu kommen.

Auch konnte jeder einen solchen Plenarablass für andere, ihm nahe stehende Menschen erwerben, die er im Fegefeuer vermutete, damit ihre Seelen alsbald aus der Qual befreit würden. Der Ablassprediger Johannes Tetzel hat daher diese durch den Petersablass eröffnete Chance drastisch, aber innerhalb der kirchlichen Koordinaten seiner Zeit theologisch korrekt mit dem volkstümlichen Vers angepriesen: „Sobald das Geld im Kasten klingt, die Seele aus dem Fegefeuer springt." Und der schon erwähnte Erfurter Augustinereremit Johannes von Paltz, der in den Jahren 1489/90 und 1501/02 für den päpstlichen Jubiläumsablass geworben hatte, pries wegen dieses immensen Gnadenangebotes die eigene Zeit als wunderbare Steigerung gegenüber allen früheren Zeiten der Kirche: „In Gegenwart einer so großen Gnade kann, wie die Erfahrung lehrt, ein Prediger in kurzer Zeit mehr Frucht im Volk hervorbringen als sonst in zwanzig Jahren." Nun werde den größten Sündern die wirksamste Hilfe zuteil[31].

Verstehen kann man diese ganze Fegefeuer- und Ablasskonstruktion nur, wenn man sich die damals gängige religiöse Logik vergegenwärtigt. Sie besagt: Gottes Gerechtigkeit verlangt, dass keine Sünde ohne Strafe bleibt und dass es keine Verzeihung ohne Wiedergutmachung und Sühne gibt[32]. Das Verhältnis zwischen Gott und Mensch ist daher immer nach den Regeln von Gabe und Gegengabe, ‚Do ut des', Opfer und Sühne, Verdienst und Lohn geordnet.

[31] Vgl. die Quellenbelege bei Berndt Hamm: Frömmigkeitstheologie am Anfang des 16. Jahrhunderts. Studien zu Johannes von Paltz und seinem Umkreis, Tübingen 1982, S. 289 f. mit dem zitierten Satz in Anm. 480: „[…] in praesentia tantae gratiae potest praedicator in brevi tempore plus in populo proficere quam alias in annis viginti, ut docuit experientia."

[32] Vgl. Arnold Angenendt: Deus, qui nullum peccatum impunitum dimittit. Ein „Grundsatz" der mittelalterlichen Bußgeschichte, in: Matthias Lutz-Bachmann (Hg.): Und dennoch ist von Gott zu reden. Festschrift für Herbert Vorgrimler, Freiburg i. Br. u.a. 1994, S. 142–156.

Andererseits aber will Gottes Barmherzigkeit die Rettung der Sünder, und daher hat sein Erbarmen innerhalb dieses ehernen Gesetzes von Schuld und Sühne die Möglichkeit der Stellvertretung vorgesehen: Als schwacher, sündiger Mensch kann ich innerhalb der kirchlichen ‚communio sanctorum', innerhalb der kirchlichen Heils- und Versicherungsgemeinschaft, davon profitieren, was andere für mich stellvertretend getan haben, d.h. Christus, Maria und die Heiligen. Sie haben mir ein Guthaben, einen ‚Schatz' an guten Werken, erworben. Der Ablass ist die Möglichkeit, durch eine kleine, minimale Selbstbeteiligung, durch einen Geldbetrag, durch ein Ablassgebet[33] oder durch den Besuch einer Kirche[34], in

[33] Im ausgehenden Mittelalter werden viele illustrierte Einblattdrucke in Umlauf gebracht, die unterschiedliche Gebete präsentieren und den Gläubigen, die das jeweilige Gebet vor dem Bild des Blattes andächtig sprechen, ein bestimmtes Zeitquantum von Ablass in Aussicht stellen. Auch Epitaphien in Kirchen können eine solche Kombination von Bild, Gebet und Ablassversprechen enthalten. Vgl. z.B. Gunhild Roth: Die Gregoriusmesse und das Gebet ‚Adoro te in cruce pendentem' im Einblattdruck. Legendenstoff, bildliche Verarbeitung und Texttradition am Beispiel des Monogrammisten d. Mit Textabdrucken, in: Volker Honemann, Sabine Griese, Falk Eiserman und Marcus Ostermann (Hg.): Einblattdrucke des 15. und frühen 16. Jahrhunderts. Probleme, Perspektiven, Fallstudien, Tübingen 2000, S. 277–324. – Ein Großteil der spätmittelalterlichen Ablässe war also ohne jede Geldzahlung zu erwerben. Man konnte etwa täglich in eine nahe gelegene Kirche gehen, um dort vor einer Ablasstafel ein Pater noster und Ave Maria zu beten, und erhielt dafür – unter der Bedingung, dass man im Zustand der wahren Reue über die begangenen Sünden war – tausende Jahre Ablass. Dass diese Gebetsablässe, d.h. die in den Texten genannten päpstlichen und bischöflichen Ablassprivilegien, in der Regel fiktiv waren, hatte für die Frömmigkeitspraxis keine Relevanz, solange man sie für echt hielt.

[34] Ein Beispiel dafür ist der Besuch der Wittenberger Schlosskirche am Allerheiligenfest. Durch die andächtige Betrachtung der Reliquien-

den Genuss dieser stellvertretenden Sühneleistungen zu gelangen und diesen kirchlichen Schatz der guten Werke anzuzapfen. Jeder Mensch, betonen die Ablassprediger mit seelsorgerlichem Eifer, und sei sein Sündenkonto noch so angewachsen, kann so völlig straflos in den Himmel eingehen, wenn er nur ein Minimum an Eigenem, die Andacht seines Herzens und mühelose Akte, dazu beiträgt.

Luther vollzieht nun den epochalen Sprung vom Minimum zum Nichts. Er bricht insofern mit der religiösen Logik der Vergangenheit, als er sagt: Gott verlangt vom sündigen Menschen, wenn er ihm verzeiht und ihn zur ewigen Seligkeit annimmt, nichts, nicht einmal das Minimum eines Ablassgroschens. Der Mensch ist getragen von der unbedingten Güte und einer bedingungslosen Vergebung Gottes. Glauben heißt, sich dieser bedingungslosen Liebe auszuliefern inmitten einer Umwelt, die darauf insistiert, dass der Gläubige – gemäß dem Kreislauf von Gabe und Gegengabe – doch wenigstens ein Minimum an Selbstbeteiligung zu seiner Erlösung beitragen muss. Indem Luther das Fegefeuer aus dem eschatologischen Szenario streicht und mit dem Fegefeuer die Notwendigkeit und Möglichkeit des Ablasserwerbs, verweigert er sich prinzipiell allen urreligiösen Bedürfnissen nach einer bedingten Güte Gottes, einer durch menschliche Bedingungen konditionierten Gnade. Dieser Quantensprung vom Minimum zum Nichts hat die ganze Reformation geprägt. Christologie, Gnadenlehre und Glaubensverständnis sind immer neue Variationen dieser

---

sammlung konnte man 1,9 Millionen Jahre Ablass erwerben. Hinzu kam noch der ebenfalls an Allerheiligen gewährte Portiuncula-Ablass. Vgl. BRECHT: Martin Luther (wie Anm. 4), S. 121.

Nichtigkeit bzw. der durch Gott geschenkten Ganzheit des Erbarmens, der Gerechtigkeit und des Heils.

IV. Die Menschenwürde der Freiheit aus Glauben – eine Freiheit von kirchlicher Hierarchie

Die besondere, personale Würde des Menschen liegt für den Autor der 95 Thesen nicht in einer kooperativen, aktiv sich verwirklichenden Subjektrolle des Menschen vor Gott. Wenn er sich in dieser Zeit der vollzogenen Ablösung von der scholastischen Theologie und des beginnenden Ablassstreits als ‚Eleutherius', als Freigelassenen, bezeichnet und daher seinen Begleitbrief zu den Thesen mit seiner neuen Namensform Luther unterzeichnet, will er sagen: Meine Freiheitswürde und Personalität liegen nicht in dem, was ich tue und leiste, sondern in dem, was mir umsonst, um Christi willen, geschenkt wird: dass mir der gnädige Gott die Würde, sein Kind zu sein, und damit unmittelbar alle Gnade und Seligkeit schenkt. Dies im Glauben wahrnehmen und darauf fest vertrauen zu können, heißt für Luther, Freigelassener Jesu Christi zu sein, befreit aus der Knechtschaft jeder Art von Leistungsfrömmigkeit und aus den Fesseln des traditionellen wissenschaftlichen Lehrsystems und damit zugleich befreit aus den menschlich-diabolischen Konstrukten (der ‚babylonischen Gefangenschaft') des Papsttums und eines hierarchischen Kirchensystems. Damit greife ich aber zeitlich voraus.

Drei Jahre später, in seiner berühmten Schrift ‚Von der Freiheit eines Christenmenschen' (1520), wird Luther dann den markanten Satz prägen: „Ein Christenmensch ist ein freier Herr über alle Dinge und niemandem untertan."[35] Damit formuliert er etwas, was ihm bereits im zeitlichen Umfeld der 95 Thesen aufgeleuchtet war: Im Glauben ist jeder Christ ein souveräner Herr über alles, nicht über Menschen, sondern ‚über alle *Dinge*', d. h. über alles, was sich als Heilsbedingung oder Heilshindernis zwischen ihn und Gottes vergebende Güte schieben will; und er ist in dieser Hinsicht ‚niemandem untertan', d. h. er ist auch frei und unabhängig vom Papst, der die Schlüsselgewalt über das Jenseits, über Fegefeuer und Himmel, für sich beansprucht[36].

Diese Art der Glaubenssouveränität, die aus soteriologischer Perspektive das Papsttum als überflüssig und schädlich beiseiteschiebt und die Güte Gottes in die unmittelbarste Nähe des schuldbeladenen Menschen holt, war bereits Thema, so dass hier nur zu ergänzen ist: In der Kritik Luthers an der Papstautoriät liegt, wie die Entwicklung bis zum Jahr 1520 zeigt, das Potential zu einer umfassenden Kritik an einer Kirchenhierarchie, die vom Papst abwärts bis zum einfachen Messpriester – in einem System abgestufter Amtsheiligkeit – das Monopol der Heilsvermittlung beansprucht. Gegen dieses System stellt Luther die prinzipielle Gottunmittelbarkeit des glaubenden Menschen, jedes Christen

---

[35] Vgl. die zweisprachige Ausgabe der Freiheitsschrift in: Martin Luther Studienausgabe, hg. von HANS-ULRICH DELIUS, Bd. 2, Berlin-Ost 1982, S. 265,6 f. Der lat. Text (S. 264,17) lautet: „Christianus homo omnium dominus est liberrimus, nulli subiectus". Der deutsche Text ist eindeutiger, sofern er „omnium" sachbezogen mit „alle ding" wiedergibt und „nulli" personal mit „niemandt".

[36] Vgl. BERNDT HAMM: Freiheit vom Papst – Seelsorge am Papst. Luthers Traktat „Von der Freiheit eines Christenmenschen" und das Widmungsschreiben an Papst Leo X.: eine kompositorische Einheit, in: Lutherjahrbuch 74 (2007), S. 113–132.

und jeder Christin. Er betont damit die Unmittelbarkeit zu Gottes befreiendem Evangelium. In These 62 eröffnet er diese Perspektive mit den Worten: „Der wahre Schatz der Kirche ist das hochheilige Evangelium der Ehre und Gnade Gottes."[37] Der ‚Schatz der Kirche' ist also nicht, wie man bisher lehrte, der Schatz der guten Werke, der vom Papst und den Bischöfen verwaltet wird, sondern die unverfälschte Verkündigung des Evangeliums, für die man nicht die fiktive Amtsheiligkeit der Kirchenoberen braucht. Der Zugang zum Schatz des Evangeliums ist nicht von einem kirchlichen Weihegrad abhängig, sondern steht allen Christen offen; und die Heiligkeit der Kirche ruht daher nicht in ihren Ämtern, sondern in der Gnade, die das heilige Evangelium allen glaubenden Christen und den kirchlichen Ämtern des weiterzugebenden Evangeliums schenkt. Dieses neue ‚demokratisierende' Heiligkeitsverständnis wurde dann für das Gemeindeverständnis der gesamten Reformation grundlegend.

V. Gute Werke nicht als Heilsvorsorge, sondern als Früchte einer evangelischen Buße

Luther will, allen Verleumdungen zum Trotz, nicht als Zerstörer aller guten Werke, sondern als ‚Doktor der guten Werke' gelten[38]. Den Werken des Glaubens – seiner inneren und äußeren Aktivität – weist er eine grundlegend veränderte Bedeutung zu. Die frommen Werke haben keinen

[37] „Verus thesaurus ecclesiae est sacrosanctum euangelium glorie et gratie Dei." Luther Studienausgabe, Bd. 1 (wie Anm. 4), S. 182,12 f.

[38] Vgl. besonders Luthers Sermon ‚Von den guten Werken', in: Luther Studienausgabe, Bd. 2 (wie Anm. 35), S. 12–88.

finalen und kausalen Bezug mehr zu einem Gnaden- und Heilserwerb. Fasten, Gebete, Almosengaben an die Armen und Stiftungen für Kirchengebäude oder für liturgische Verrichtungen können nicht länger dazu dienen, die Jenseitsaussichten der Menschen zu verbessern. Insbesondere verlieren die Seelenmessen, die für arme Seelen im Fegefeuer gestiftet werden, ihre Existenzberechtigung. Indem Luther die Ablässe angreift, fällt der erste Dominostein, der ein weit verzweigtes Wirtschaftsgefüge kostenaufwendiger Jenseitsvorsorge zum Einsturz bringt.

Durch gute Werke kann ich weder mein eigenes Heil noch das meiner Mitmenschen befördern. Die Heilsgabe ist unabhängig von jeder menschlichen Leistung, herausgenommen aus dem irdischen Kreislauf von Gabe und Gegengabe. Das ist die eine Seite in Luthers Sicht der Werke: ihre radikale eschatologische Entwertung, die neben allen anderen kirchlichen, sozialen und ökonomischen Konsequenzen auch das weitverzweigte und in voller Blüte stehende mittelalterliche Ordensleben auf reformatorischem Boden zum Erliegen bringt. Die andere Seite aber ist, dass Luther den guten, frommen, aus Glaube und Liebe hervorwachsenden Werken größte Wertschätzung entgegenbringt. Das ganze Leben des Christen soll durch die Gabe des Evangeliums so geheiligt werden, dass es lebendige Früchte der Umkehr und Buße bringt. Daher sagt Luther gleich in der ersten der 95 Thesen programmatisch: „Unser Herr und Meister Jesus Christus hat mit seinem Wort ‚Tut Buße usw.‘ gewollt, dass das ganze Leben der Gläubigen Buße sei.“[39] Mit

[39] „Dominus et magister noster Jesus Christus dicendo ‚Penitentiam agite etc.!‘ [Matth. 4,17] omnem vitam fidelium penitentiam esse vo-

‚Buße' meint Luther ein Leben in der Nachfolge Christi, im Schmerz über die Sünde, in der bereitwilligen Annahme des Kreuzes und im Wachstum der Liebe, die dem notleidenden Nächsten aktiv zugewandt ist.

Diese Beobachtung eröffnet den Blick für das Gesamtverständnis der 95 Thesen. Sie beginnen, wie gesagt, mit der Perspektive der lebenslangen Buße und sie enden mit der Lebens-Paränese der Schlussthesen 94 und 95: „Ermahnen muss man die Christen, dass sie ihrem Haupt Christus durch Strafen, Tod und Hölle nachzufolgen trachten und so mehr darauf vertrauen, durch viele Trübsale als durch die Sicherheit eines [falschen] Friedens ins Himmelreich einzugehen."[40] Anfang und Schluss der 95 Thesen bilden den Rahmen, der ihren Gesamtcharakter bestimmt: Sie stellen dem kirchlichen Ablass das Gegenprogramm der Lebensheiligung wahrer, evangelischer Buße gegenüber. Für eine derartige

luit." Luther Studienausgabe, Bd. 1 (wie Anm. 4), S. 176,6f. Für sich genommen ist diese These gut spätmittelalterlich. In der frömmigkeitstheologischen Bußliteratur des 15. und frühen 16. Jahrhunderts gilt es als selbstverständlich, dass ein gläubiger Christ permanent Reue über sein sündiges Leben empfindet, regelmäßig zu Beichte und Absolution geht und sich dauerhaft um genugtuende Werke bemüht. Insbesondere gelten die observanten Ordenskonvente als Orte einer lebenslangen intensivierten Buße. – Luther nimmt allerdings seine Konzeption einer lebenslangen ‚evangelischen' Buße völlig aus der spätmittelalterlich-katholischen Vorstellung heraus, dass der Weg wahrer Buße dem Heilsgewinn durch Tilgung von Sündenschuld und -strafe dient. Für ihn ist die vollkommene Vergebung von Schuld und Strafe die Basis einer befreiten, angst- und vorsorgefreien Buße, die nicht auf Heilsverwirklichung zielt.

[40] „Exhortandi sunt christiani, ut caput suum Christum per penas, mortes infernosque sequi studeant ac sic magis per multas tribulationes intrare celum quam per securitatem pacis confidant." Luther Studienausgabe, Bd. 1 (wie Anm. 4), S. 185,5–8.

echte Bußgesinnung, sagt Luther, ist charakteristisch, dass sie vor den sog. ‚Strafen' (poenae), d. h. Leiden und Kreuz des Lebens, nicht fliehen will wie die Ablasskäufer, sondern sie „sucht und liebt"[41]. Man müsse die Christen belehren, dass der Wert des Ablasskaufs dem der guten Werke der Liebe und Barmherzigkeit überhaupt nicht zu vergleichen sei[42]: „Denn durch das Werk der Liebe wächst die Liebe und der Mensch wird besser; aber durch die Ablässe wird er nicht besser, sondern nur freier von der Strafe."[43]

Es ist auffallend, dass in den 95 Thesen Zentralbegriffe der Theologie Luthers seit 1513–1516 wie Wort (Verheißung), (bedingungslose) Sündenvergebung, (rechtfertigender) Glaube, (geschenkte, angerechnete) Gerechtigkeit, (im Glauben präsente) Seligkeit und Heilsgewissheit nicht vorkommen. Das bedeutet nicht, dass die Ablassthesen etwa kein Zeugnis reformatorischer Theologie wären und auf der Linie einer traditionellen Bußintensivierung und Demutstheologie lägen, sondern das hat seinen Grund in der besonderen Themenstellung und -begrenzung: Indem Luther sich der Frage des Ablasses und der rechten Buße zuwendet, thematisiert er nicht die Rechtfertigung des Glaubenden, also nicht die ‚vertikale' Dimension des umsonst geschenkten Heils, son-

---

[41] These 40: „Contritionis veritas penas querit et amat. Veniarum autem largitas relaxat et odisse facit saltem occasione." Ebd., S. 180,12 f.

[42] These 42: „Docendi sunt christiani, quod pape mens non est, redemptionem veniarum ulla ex parte comparandam esse operibus misericordie." Ebd., S. 180,16 f. Vgl. auch die gesamte Thesengruppe 41–51; ebd., S. 180,14–181,10.

[43] These 44: „Quia per opus charitatis crescit charitas et fit homo melior; sed per venias non fit melior, sed tantummodo a pena liberior." Ebd., S. 180,20 f.

dern die aus der Liebe herauswachsende Lebensheiligung, d. h. die ‚horizontale' Ebene der Reue, der schmerzlichen Erschütterung jeder eingebildeten Sicherheit, der guten Werke und der Christusnachfolge in Kreuz, Leiden und bitteren Drangsalen. Der spätmittelalterliche Ablass verquickt die beiden Dimensionen, indem er die genugtuende Funktion aufwendiger, mühsamer und in der erforderlichen Menge oder Intensität kaum zu leistender guter Werke übernehmen und so den direkten Heilsgewinn unter Umgehung des Fegefeuers erleichtern und sichern soll. Luther hingegen spricht den Ablässen jede Jenseitsrelevanz ab und unterzieht sie so einer völligen Horizontalisierung. Daher stellt er auf dieser horizontalen Ebene des diesseitigen Lebens ihrer völligen Entwertung und Entheiligung die unersetzbare Kostbarkeit einer geheiligten Bußexistenz im Zeichen des desillusionierenden Kreuzes und der tätigen Nächstenliebe gegenüber.

Die Hauptkritik Luthers an der Ablassverkündigung seiner Zeit zielt somit auf zwei Punkte: Auf verheerende Weise bietet sie erstens Sicherheit an, wo keine Sicherheit ist, und stellt sie zweitens Entlastung von Werken in Aussicht, die zum Wesen wahrer, evangelischer Buße gehören. Echte Buße und wirklich gute Werke aber sind da möglich, wo der Glaubende sich nicht Heil erwerben will, sondern aus der Gewissheit des ihm bereits geschenkten Heils heraus lebt und wirkt.

Auch mit dieser Konzeption wahrer Buße und Lebensheiligung konnte Luther auf alle Bereiche der Reformation einwirken. Überzeugend war er einerseits durch die befreiende Schärfe seiner Kritik, die von der Gnadenbotschaft des Evangeliums her die traditionellen Mauern geheiligter Autoritäten und Traditionen niederriss – ein Vorgang grundstürzender Desakralisierung. Überzeugend und prägend war er aber andererseits durch seine Perspektive einer intensivierten Sakralisierung der Christenheit bis hinein in alle weltlichen Tätigkeiten und Berufe. Dass man überall und zu aller Zeit Gott und dem Nächsten dient, ohne damit etwas für das eigene Heil tun zu wollen, erschien allen Reformationsgesinnten als die bessere Gerechtigkeit, als von Gott gebotene Zucht und Strenge und als Reinigung von aller selbstsüchtigen Religiosität. Die Reformatoren zielen daher auf das Gegenteil zu einer ‚billigen', leicht erwerbbaren Gnade: Christus hat uns „teuer erkauft"[44], also wollen wir im Lichte seiner Menschenliebe wandeln. Dies ist ein Verständnis von christlicher Lebenspraxis, das auch in den Beschwerdeartikeln der bäuerlichen Reformation eine wichtige Rolle spielt[45].

Überzeugend konnte die zweifache Perspektive Luthers – destruierende Entheiligung und aufbauende Heiligung – für seine Zeitgenossen auch deshalb sein, weil sie nicht absolut neu und ungewohnt war, sondern weil sie an vielen kritischen Impulsen und Normierungsprogram-

---

[44] Vgl. 1.Kor. 7,23 und 1. Petr. 1,18 f.

[45] Vgl. z.B. die berühmten ‚Zwölf Artikel' der Bauernschaft, Art. 3: Hier wird gegen die Leibeigenschaft christologisch argumentiert (in Anbetracht, „dass uns Christus alle mit seinem kostbarlichen Blutvergießen erlöst und erkauft hat"), um dann fortzufahren: „Nicht dass wir gar frei wollen sein, keine Obrigkeit haben wollen; [das] lehret uns Gott nicht. Wir sollen in Geboten leben, nicht in freiem fleischlichen Mutwillen, sondern Gott lieben, ihn als unseren Herrn in unseren Nächsten erkennen und alles das tun, das wir auch gern hätten." Aus: Flugschriften des Bauernkriegs, hg. von KLAUS KACZEROWSKY, Reinbek bei Hamburg 1970, S. 11 (der frühneuhochdeutsche Text wurde von mir dem modernen Deutsch angeglichen).

men der beiden Jahrzehnte vor den 95 Thesen anknüpfen konnte. Ablass- und Papstkritik waren schon vor Luther gang und gäbe[46]. Sein Erfurter Ordensbruder Johannes von Paltz hat daher 1504 ein Buch veröffentlicht, durch das er vier zeitgenössische teuflische Heere, die gegen die „allerheiligsten Ablässe" zu Felde ziehen, mit Argumenten bekämpft: das Heer der ‚annihilatio' (des Zunichte-Machens), das – wie einst der Erfurter Theologe Johannes Rucherath von Wesel – die Wirksamkeit der Ablässe leugnet, das Heer der ‚denigratio' (Anschwärzung), das die fromme Intention des Papstes in Frage stellt, das Heer der ‚desperatio' (Verzweiflung), das den Christen einredet, niemand könne sich auf den wirksamen Empfang der Ablässe hinreichend vorbereiten, und das Heer der ‚excaecatio' (Blendung), das die Personen blind zu machen versucht, deren Aufgabe die Förderung des Ablassverkaufs ist, Ordensleute, Säkularkleriker und weltliche Obrigkeiten[47]. In der seit 1490 eskalierenden Polemik gegen den Ablass und besonders gegen die päpstlichen Jubiläumsablässe verbanden sich scharfe Attacken gegen veräußerlichte Frömmigkeitspraktiken und gegen das Finanzgebaren der Kurie mit einem Streben nach lebendiger, verinnerlichter und grundlegend reformierter Frömmigkeit. Auch die schenkende Barmherzigkeit Gottes konnte schon vor Luther, z.B. von seinem Ordensvorgesetzten und Lehrer

---

[46] Zur Verstärkung dieser kritischen Haltung in den drei Jahrzehnten vor der Reformation vgl. WILHELM ERNST WINTERHAGER: Ablasskritik als Indikator historischen Wandels vor 1517. Ein Beitrag zu Voraussetzungen und Einordnung der Reformation, in: Archiv für Reformationsgeschichte 90 (1999), S. 6–71.

[47] Vgl. Paltz: Supplementum Coelifodinae (wie Anm. 5), S. 15–79. Zu den realen Hintergründen der von Paltz angeprangerten Ablasskritik vgl. ebd., S. 15, Anm. 11.

Johannes von Staupitz, in einer Weise gegen menschliche Werkgerechtigkeit gestellt werden, dass deutlich wird: Luthers Kirchenkritik und Erneuerungsperspektive der 95 Thesen fielen nicht vom Himmel. Sie waren hineinverflochten in das kritische Bewusstsein seiner Zeit und ihr Verlangen nach umfassender ‚reformatio'. Für das Verständnis seines Erfolgs sind solche Kontinuitäten ebenso wenig außer Acht zu lassen wie die ‚emergente' Neuartigkeit seines kritisch-konstruktiven Ansatzes.

Schließlich war Luther aber auch deshalb erfolgreich, weil er nicht einfach einen Kreis von Weggefährten und Anhängern auf eine homogene Parteigesinnung einschwören wollte. Die Impulse seiner Theologie waren vielmehr auf vielfältige Lebensverhältnisse und Lebensentwürfe anwendbar, und entsprechend variationsreich und spannungsvoll entwickelte sich die Rezeption seiner Gedanken. Durchaus im Sinne Luthers war der Maßstab für die Rezipienten: nicht Luthertreue, nicht möglichst große Annäherung an Luther, sondern Evangeliumstreue[48]. Man sieht sich – gerade auch als Laie und auch als Frau – durch Luther legitimiert und ermutigt, mit der Bibel in der Hand selbst das Wort Gottes zu entdecken. Man sieht sich im Prozess der Luther-Rezeption dazu angeregt, je nach persönlicher, lokaler oder sozialer Situation andere Aspekte als Luther selbst hervorzuheben und manches, wie man meinen kann, klarer und unmissverständlicher auf eine bestimmte Problemstellung hin zu formulieren. Daher konnte Huldrych Zwingli in Zürich der Meinung sein, sich unabhängig von Luther zum Reformator

[48] Vgl. HOHENBERGER: Luthers Rechtfertigungslehre (wie Anm. 24), besonders S. 397.

entwickelt zu haben, obwohl er nachweisbar bei seiner Abkehr von der römischen Kirche stark von Luthers Schriften und öffentlichem Auftreten geprägt worden ist[49]. So führte die Wirkung Luthers und insbesondere die Wirkung seiner Bibelübersetzung schon bald über ihn hinaus zu einer höchst divergierenden Vielstimmigkeit der Reformationsrichtungen. Man denke nur an die Wittenberger Wirren während Luthers Aufenthalt auf der Wartburg 1521/22 mit der vorwärtsdrängenden Rolle Karlstadts und dem Auftreten der ‚Zwickauer Propheten'[50] – Ereignisse, in denen Luther zunehmend das Wirken Satans am Werke sah, der Unkraut unter den Weizen sät.

In der Reformationsforschung herrschte immer wieder die Tendenz, die Typenvielfalt der Reformation vereinfachend auf eine Zweiseitigkeit zu reduzieren. So stellte man der breiten Gemeindereformation von unten die obrigkeitliche Reformation oder Fürstenreformation von oben gegenüber[51]. Oder man reduzierte die konfessionelle Betrachtung des Reformationszeitalters und der ‚evangelischen' Seite auf das Gegenüber von Lutheranern und Reformierten. Bei ge-

---

[49] Vgl. Volker Leppin: Artikel ‚Zwingli, Ulrich (1484–1531)', in: Theologische Realenzyklopädie 36 (2004), S. 793–809: hier S. 794f.

[50] Vgl. Wolfgang Simon: Die Messopfertheologie Martin Luthers. Voraussetzungen, Genese, Gestalt und Rezeption, Tübingen 2003, S. 419–513.

[51] Vgl. Berndt Hamm: Reformation „von unten" und Reformation „von oben". Zur Problematik reformationshistorischer Klassifizierungen, in: Hans R. Guggisberg, Gottfried Krodel und Hans Füglister (Hg.): The Reformation in Germany and Europe. Interpretations and Issues / Die Reformation in Deutschland und Europa. Interpretationen und Debatten, Gütersloh 1993 (= Archiv für Reformationsgeschichte, Sonderband), S. 256–293.

nauerem Hinsehen freilich entpuppen sich diese und andere Zweiseitigkeiten als trügerisch. Im Abendmahlsverständnis der zwanziger Jahre etwa gab es nicht nur den Gegensatz zwischen der symbolischen Auffassung der Schweizer und der realpräsentischen Lehre der Lutheraner, sondern auch die dritte (zu Calvin weiterführende) Position eines Martin Bucer und der Oberdeutschen, die von einer pneumatischen Gegenwart der Person Christi und seines geistlichen Leibes beim Abendmahl sprachen[52]; und in der Stellung zur Taufe gab es nicht nur das Gegenüber zwischen Anhängern der Kindertaufe und Befürwortern der Erwachsenentaufe, sondern auch die dritte Position eines Sebastian Schwenckfeld und der Spiritualisten, die diese gesamte Auseinandersetzung um das äußere Taufen als Streit um Unwesentliches bagatellisierten.

Es klingt wie eine Binsenwahrheit, ist aber doch immer wieder neu zu beherzigen: Die Reformation hatte mehr als zwei Seiten. Von Anfang an steckten in ihr viele unterschiedliche – einander ergänzende und miteinander konkurrierende – Potentiale einer zu christlicher Mündigkeit rufenden Freiheit und Potentiale einer biblisch orientierten Kirchen-, Gesellschafts- und Lebensordnung, aber auch Potentiale der Unduldsamkeit, Repression, Hörigkeit und Gewalt, ebenfalls im Namen biblischer Wahrheit. Aus der gemeinsamen Berufung auf die alleinige Norm der Heiligen Schrift ergab

---

[52] Vgl. REINHOLD FRIEDRICH: Martin Bucer – „Fanatiker der Einheit"? Seine Stellungnahme zu theologischen Fragen seiner Zeit (Abendmahls- und Kirchenverständnis), insbesondere nach seinem Briefwechsel der Jahre 1524–1541, Dissertationsdruck Neuchâtel 1989; THOMAS KAUFMANN: Die Abendmahlstheologie der Straßburger Reformatoren bis 1528, Tübingen 1992.

sich eine irritierende, aber auch faszinierende Vielfalt, die bis heute zum Wesen des Protestantismus gehört. Zugleich aber gibt es, wie wir an den ausgewählten fünf Punkten sehen, quer durch die oft zerstrittenen Reformationslager eine Gemeinsamkeit normierender Standards, die gegenüber dem römischen Katholizismus wie auch gegenüber anderen Konfessionen und Religionen eine Grenze ziehen, hinter die man nicht mehr zurückgehen kann, die aber zugleich ein Aufeinanderzugehen in eine Ökumene der Zukunft hinein nicht ausschließen. Der 31. Oktober als Reformationstag ist für uns der Anlass, auf diese innere Einheit des Reformatorischen und Evangelischen zu blicken, weil Martin Luther mit seinen 95 Thesen diesen Weg der Gemeinsamkeit öffentlich eröffnete.

3. Kapitel

Die Botschaft der Reformation – heute

Michael Welker

„Hier stehe ich. Ich kann nicht anders. Gott helfe mir. Amen." Martin Luther soll diese Worte vor bald 500 Jahren gesprochen haben – vor Kaiser und Reich, todesmutig. „Hier stehe ich. Ich kann nicht anders." Luther, der Augustinermönch, steht 1521 auf dem Reichstag zu Worms vor dem Kaiser, vor sechs oder sieben Kurfürsten, vor über dreißig weiteren Fürsten, vor fünfzig Bischöfen und zahlreichen anderen Machthabern, Gelehrten und Würdenträgern. Er trotzt den politischen und religiösen Mächten in Deutschland und in ganz Europa. Er widerruft nicht. „Hier stehe ich – Gott helfe mir!" Welch eine Stärke des Charakters und des Glaubens! So spricht sich die typisch protestantische Gewissheit des freien Menschen aus, der sich nur Gott selbst gegenüber verantwortlich weiß. Hier spricht der im Glauben gefestigte Mensch, der sich in noch so großer Bedrängnis allein „seinem Gott" anvertraut. Ich und mein Gott – gegen den Rest der Welt! Ist das die Botschaft der Reformation, die wir uns auch heute sagen lassen sollten?

Die so dargestellte Haltung Luthers ist über Jahrhunderte hinweg sehr bewundert worden. Hier spricht der freie Mensch, der sich letztlich nur durch Gott und sein Gewissen gebunden weiß. Diese Haltung ist aber auch – und nicht nur von römisch-katholischer Seite aus – scharf angegriffen und verurteilt worden. „Hier stehe ich. Ich kann nicht anders. Gott helfe mir!“ Das ist doch nichts anderes als religiöser Subjektivismus. Und ein solcher religiöser Subjektivismus ist ebenso illusorisch wie gefährlich. Würde nicht die Welt ins Chaos stürzen, wenn sich jeder einzelne Mensch gegen die herrschende Religion, gegen Politik und Bildung nur auf seine unanfechtbare persönliche Gewissheit beriefe? Wie leicht kann eine solche Haltung in religiöse Phantasien und in Gesinnungsterrorismus umschlagen! Droht nicht der religiöse und moralische Kampf aller gegen alle, wenn dieses Beispiel Schule macht? Gott sei Dank haben wir eine Kirche mit Hierarchie und Kirchenrecht, eine Kirche mit Tradition und Lehramt. Gott sei Dank haben wir eine Kirche, die solchen Subjektivismus und solche Borniertheit und Halsstarrigkeit zur Räson und unter Kontrolle bringt! Persönliche Überzeugungsgewissheit und Selbstgerechtigkeit dürfen nicht zum letzten Maßstab werden.

Es ist richtig, dass sich der freie evangelische Christenmensch in letzter Instanz nur Gott gegenüber verantwortlich und gebunden weiß – und das gilt im Ernst- und Konfliktfall auch, wenn er sich mit seiner Entscheidung gegen die Kirche stellt: „Gott helfe mir! Amen.“ Falsch aber ist, dass sich der freie evangelische Christenmensch damit nur in sein eigenes und ganz persönliches religiöses Bewusstsein versenkt. „Über Gott mache ich mir meine ganz eigenen Gedanken!“ – das ist keine reformatorische und evangelische Aussage. Wohl sucht und sieht der evangelische Christenmensch Gott mit eigenen Augen, aber er fragt ernsthaft nach Gott – und will persönliche religiöse Wunsch- und Traumbilder gerade vermeiden. Deshalb bleibt er in seinem Glauben gerade nicht bei sich selbst stehen.

Es ist unsicher, ob Luther den Satz: „Ich kann nicht anders. Hier stehe ich!" überhaupt gesprochen hat. Schriftlich überliefert sind andere Worte – vor dem abschließenden „Gott helfe mir. Amen." Diese überlieferten anderen Worte sind äußerst wichtig, wenn wir die Botschaft der Reformation richtig verstehen wollen, auch heute. Sie sind wichtig, wenn wir die wahre „Freiheit eines Christenmenschen" verstehen wollen, die Luther so stark bezeugt hat durch sein Vorbild und durch seine Schriften. Die schriftlich überlieferten Worte Luthers lauten: „Wenn ich nicht durch Zeugnisse der Schrift (*testimoniis scripturarum*) oder einsichtige Vernunftgründe (*ratione evidente*) widerlegt werde [...], dann bin ich durch die von mir angeführten Schriftworte bezwungen."[1]

Luther fügt hinzu, dass durch die von ihm vernünftig argumentierend aufgenommenen Zeugnisse der Schrift sein Gewissen „in Gottes Worten gefangen" sei.[2] Dieses Gewissen, in Gottes Worten gefangen, sieht sich einer höheren Autorität unterworfen als allen menschlichen Autoritäten. Gott steht über allen Kaisern und Fürsten, über Päpsten und Lehramt, über Professoren und Hohen Schulen und auch in unserer Zeit über allen Machthabenden – zum Beispiel in den heute so einflussreichen Medien. Nicht weil das Gewissen tut, was es will, ist es ein freies Gewissen – das wäre nichts als Willkür –, sondern weil es sich an Gott und seine Wahrheit ge-

---

[1] WA 7,838,4–6; vgl. WA 7,876 f.; s. auch Calvin: Institutio I,8.

[2] Ebd. 838,7 bzw. 876,3 f. Vgl. Martin Brecht: Martin Luther. Sein Weg zur Reformation 1483–1521, Stuttgart 1981, 438 f.

bunden weiß, ist das in Gottes Worten gefangene Gewissen ein wirklich und wahrhaftig freies Gewissen.

Das Gewissen hört durchaus auf andere Menschen, wenn diese es nicht mit der Berufung auf bloße Macht und Autorität einzuschüchtern suchen, sondern sich ebenfalls dem Wort Gottes unterstellen. Luther kapselt sich also nicht ab, er igelt sich nicht ein. Das freie Gewissen ist alles andere als störrisch und streitsüchtig. Luther ist ausdrücklich offen dafür, seine Aussage zu widerrufen, wenn er durch „Zeugnisse der Schrift" und „einsichtige Vernunftgründe" widerlegt wird. Das heißt: eine Schriftauslegung, die mit der Vernunft verträglich ist, und eine im Gespräch mit der Bibel geschulte Vernunft lassen Luther die mächtige Glaubensgewissheit gewinnen und furchtlos gegenüber Kaiser und Papst öffentlich vertreten.[3] Diese evangelische Gewissheit richtet sich keineswegs nur auf einen inneren „persönlichen Gott". Diese Gewissheit stellt sich vielmehr der Wahrheitsfrage und der Wahrheitssuche. Sie ist offen und entwicklungsbereit, wenn ihr „Zeugnisse der Schrift" und „einsichtige Vernunftgründe" geboten werden, die sie eines Besseren belehren.

Das aber heißt: Nicht eine nur persönliche Gewissheit, die sich von anderen isoliert, führt zur Freiheit, sondern – wie es in der Bibel ausdrücklich heißt – „die Wahrheit wird euch freimachen" (Joh 8,32). Diese freie Gewissheit, die sich an die Wahrheit des Wortes Gottes bindet, ist offen für das Gespräch über Gott, Gottes Willen und Wirken. Sie ist offen

---

[3] Siehe dazu das programmatische Gesprächsangebot des Berliner Bischofs WOLFGANG HUBER an Papst Benedikt XVI., Glaube und Vernunft, FAZ, 31.10. 2006, Nr. 253, S. 10.

für bessere Belehrung, sie will überzeugen und überzeugt werden, sie will lernen, sie will wachsen im Glauben und in der Erkenntnis. Aus dieser Haltung heraus erwächst die Reformation. Mit der Reformation wird eine Bildungsrevolution in Gang gebracht, von der wir noch heute in Deutschland und in der ganzen Welt zehren. Bildung für alle, denn alle Menschen sollen sich mit Gottes Wort befassen können. Alle Menschen sollen, wenn irgend möglich, eine Schulausbildung bekommen. Man hat die Evangelische Kirche, den Protestantismus, als „Religion der Freiheit" bezeichnet (Hegel). Diese Religion der Freiheit ist aber zugleich eine „Religion der Bildung". Das heißt nicht: sie ist ein Elfenbeinturm für Gelehrte, nur für Menschen mit langem Studium und vielen Examen. Nicht Gelehrsamkeit und viele Kenntnisse sind entscheidend, sondern Herzensbildung und ein Wissen, das ein Bewusstsein für Qualität hat, ein kluges Gespür dafür, was die guten, tragenden und orientierenden Grundlagen unseres Lebens sind. Deshalb sollen sich so viele Menschen wie möglich bilden und einen freien Zugang zu Gottes Wort verschaffen können.

„Viele Bücher machen nicht gelehrt, viel lesen auch nicht", hat Luther betont, „sondern gut Ding oft und gründlich lesen, so wenig sein ist: das macht gelehrt in der Schrift und fromm dazu!"[4] Sich mit guten Dingen oft und gründlich befassen, das führt zur wahren Bildung. Und diese tiefe und wahre Herzensbildung kann nichts Besseres tun als sich mit Gottes Wort zu beschäftigen, es ernst zu nehmen, sich von ihm ansprechen zu lassen, sich mit ihm auseinander zu setzen. Nicht nur für sich allein, sondern

[4] WA 6,461,1–4 (An den christlichen Adel, 1520).

auch im Gespräch mit anderen Menschen. Diese Haltung, in der sich die evangelische Freiheit bewährt, ist heute nicht mehr so eindrücklich unter uns vertreten. Der religiöse Bildungsverfall ist sprichwörtlich geworden. Viele beschwören schon die Gefahr eines um sich greifenden religiösen Analphabetismus.

Die Reformation hat sich mit dem damaligen religiösen Analphabetismus auseinander gesetzt. Mit Flugblättern, kleinen religiösen Schriften und Bibelübersetzungen hat sie versucht, möglichst viele Menschen aller Gesellschaftsschichten theologisch anzusprechen. Möglichst viele Menschen sollten sich persönlich mit Gottes Wort und Gottes Willen befassen und mitreden können, wenn es um religiöse Angelegenheiten – auch im öffentlichen Leben – ging. Als den Reformatoren vorgeworfen wurde: „Warum braucht ihr Bibelübersetzungen? Die meisten Leute können doch sowieso nicht lesen!“, da antworteten sie: „Dann brauchen wir eben ein allgemeines Schulwesen!“ Universitätsreform, Reform und Ausbau des Schulwesens, Visitationen, um die Bildung in der Gemeinde und die Verkündigung in den Gottesdiensten zu bessern – all dies muss auch heute wieder mit reformatorischer, mit evangelischer, mit protestantischer Kirche und Frömmigkeit verbunden werden! Starkes Engagement für befreiende Bildung und geistliche Bildung – das ist eine zentrale Herausforderung und Botschaft der Reformation an uns heute.

Die Reformatoren haben ihre Botschaft auf Formeln gebracht, auf Kampfformeln, die wir heute erklären müssen, wenn sie allgemein verstanden und ernst genommen werden sollen. Diese Kampfformeln lauten:

– *sola scriptura; solus Christus; sola fide; sola gratia!*

– die Schrift allein; Christus allein; allein aus Glauben; allein aus Gnade!

Was steckt hinter diesen Kampfformeln – und was haben sie mit Luthers großen Worten zu tun, die er vor Kaiser und Reich todesmutig gesprochen hat? Inwiefern enthalten sie eine Botschaft der Reformation – auch für uns heute?

I. Die Schrift allein!

Diese Formel ist eine Abkürzung. Sie steht für die Überzeugung: „Die Bibel, die Heilige Schrift allein soll Königin sein!" Die Schrift soll Königin unter allen anderen Büchern, Schriften, Reden und Zeugnissen von Gott sein. Sie ist aber nicht Gott selbst. Sie bietet nur Zeugnisse von Gott, das heißt: fragmentarische, perspektivische Wahrnehmungen und Überzeugungen. „Wenn ich nicht durch Zeugnisse der Schrift überwunden werde …" – hatte Luther vor dem Reichstag zu Worms gesagt. Es ist wie bei Gericht: Verschiedene Zeuginnen und Zeugen treten auf. Aus ihren verschiedenen Sichten und Blickwinkeln tragen sie zur Wahrheitssuche und zur Wahrheitsfindung bei. Kein Zeugnis hat die Wahrheit als Ganze. Die Bibel bezeugt Gottes Wort – aber sie bietet es in menschlichen Zeugnissen. Deshalb kommt es in ihr zu Spannungen und sogar zu Widersprüchen. Sie ist eine Sammlung von Zeugnissen, die über ein Jahrtausend gewachsen ist. Ein Jahrtausend Erfahrungen mit Gott sind in ihr zusammengetragen. Dies gibt ihr ein hohes historisches Gewicht. Keine andere Sammlung von Zeugnissen von Gott kommt der Bibel nach Überzeugung des christlichen Glaubens gleich.

Darüber hinaus hat die Bibel eine zweitausend Jahre alte Ausstrahlungsgeschichte. Sie hat das Leben in der Menschheitsgeschichte geprägt wie kein anderes Buch auf der Welt. Sie prägt politische und moralische Überzeugungen, das Recht ebenso wie die Kunst, unser Bildungswesen ebenso wie unseren Jahresverlauf im christlichen Teil der Welt mit seinen Rhythmen und Festen, von der Sieben-Tage-Woche bis hin zu Ostern, Pfingsten und Weihnachten. Die Bibel hilft uns zu verstehen, was hinter all diesen Errungenschaften liegt, die unser tägliches Leben und seine festlichen Höhepunkte im Jahr prägen. Unsere Geschichte, die meisten Schätze unserer Museen, eine Fülle gegenwärtiger sozialer und kultureller Errungenschaften können wir ohne sie nicht verstehen. Aber natürlich hat die Bibel auch gefährliche Auswirkungen gehabt mit ihrer großen geistigen Macht. Religiöser und politischer Fanatismus hat sich aus ihr gespeist. Unter Berufung auf die Bibel wurden Kriege geführt, Völker erobert, unterjocht und sogar ausgerottet.

Die Bibel ist kein harmloses Buch. Menschliches-allzumenschliches Reden, auch Verblendung bis hin zu gefährlicher religiöser Verblendung hat sich in ihre Zeugnisse eingeschlichen. Deshalb ist die lebendige Auseinandersetzung mit ihr immer neu notwendig. Deshalb reicht ein bloßes Verlesen der Bibel im Gottesdienst nicht aus. Das große kulturelle Gewicht der Bibel hat Licht- und Schattenseiten. Revolutionen der Bildung und Befreiung von Menschen, soziale Reformen und Aufbrüche in der Diakonie, also der helfende und heilende Dienst an den Mitmenschen, haben sich mit Recht auf die Bibel berufen. Aber auch Ausbrüche des Hasses und Kampagnen der Unterdrückung wollten sich mit Worten der Bibel rechtfertigen. Deshalb reicht das *sola scriptura*, d.h. der Kampfruf: die Schrift allein! nicht aus, um die Botschaft der Reformation heute an uns zu übermitteln. Sie bedarf der Ergänzung. Dennoch bleibt die Überzeugung „Die Bibel allein soll Königin sein!“ richtig. Denn die Bibel führt uns durch ihre über ein Jahrtausend hinweg gewonnenen Erkenntnisse auf Wege zur Gotteserkenntnis.

In der Bibel fragen und suchen Menschen nach Gott in schwierigsten Situationen, unter Tyrannei und im Chaos, in Not und im Exil, nach dem Untergang des Staates Israel und in der Verbannung. Fast immer ist eine fremde Weltmacht im Land, die den Gott Israels in Frage stellt: Assur, Babylon, die Perser, die Griechen, die Römer. Unter dem Druck überwältigender Fremdherrschaft sucht und schreit der Glaube nach Gott, nach dem wahren Gott! Das dokumentiert die Bibel, das hält sie fest – über ein Jahrtausend hinweg. Dabei lernen viele Zeugnisse voneinander, sie verweisen aufeinander, widersprechen auch einander und verbessern einander. Man kann deshalb von einem „kanonischen Gewicht“ der Bibel sprechen.[5] Die Bibel ist nicht nur ein Klassiker, sie ist auch nicht nur ein „großer“ Klassiker wie Shakespeare, Goethe, Schiller oder Thomas Mann. Sie ist ein Kanon, eine Richtschnur, die in den biblischen Büchern viele Klassiker verbindet – zu einer Gott und seine Wahrheit suchenden, Jahrhunderte übergreifenden großen Gemeinschaft der „ersten Zeugen“.

Die Kraft dieses Zeugnisses wird von keiner anderen Menschengruppe und von keinem anderen Buch und auch von keinen anderen Buchsammlungen überboten. Doch nicht

---

[5] Siehe dazu meinen Beitrag „Sola scriptura. Die Autorität der Bibel in pluralistischen Umgebungen“ in diesem Band.

nur deshalb soll die Schrift „allein Königin sein", nicht nur deshalb beruft sich Luther auf ihre Zeugnisse als eine allen Kaisern und Päpsten, Konzilien und Hohen Schulen überlegene Macht. Die Schrift erhält ihr großes historisches, kulturelles und kanonisches Gewicht nur deshalb, weil sie sich immer wieder neu auf Gott selbst und Gottes Wahrheit konzentriert und davon treu Zeugnis zu geben sucht! Vom Gott Israels, den auch die Christen „Schöpfer und Vater" nennen, von seiner Offenbarung in Jesus Christus und in der Kraft des Heiligen Geistes – davon spricht die Bibel so aufschlussreich und eindrucksvoll, und deshalb kommt ihr diese überragende Rolle in der evangelischen Kirche zu.

Im Zweiten Vatikanischen Konzil 1962–1965 hat sich die römisch-katholische Kirche den evangelischen Kirchen, den Kirchen der Reformation, in diesem Respekt für die Heilige Schrift angenähert. Wir haben das mit größter Freude wahrgenommen. Die römisch-katholische Bibelauslegung wurde zu freier theologischer Forschung befreit, weil sie zunächst auf die Schrift hören durfte – und erst dann das katholische Lehramt berücksichtigen musste. Innerhalb von 20 Jahren ereignete sich eine fast revolutionäre Entwicklung in der alt- und neutestamentlichen Schriftauslegung der Kollegen an den katholischen Fakultäten und Hochschulen. Waren sie vorher der evangelischen Schriftauslegung mit 10 bis 15 Jahren Zeitverzögerung zögernd gefolgt, schienen sie vorher oft unbeholfen und langweilig, so zogen sie nun gleich in der Kreativität und Erkenntniskraft ihrer Beschäftigung mit der Bibel. Wir lernten von ihnen, so wie sie von uns lernten. Das tat auch der Ökumene sehr gut. Wir hatten eine Basis, auf der wir uns verständigen konnten, in der leidenschaftlichen Wahrheitssuche, in der Prüfung von Erkenntnisgewinn, aber auch in der streitbaren Auseinandersetzung. Mit der Ökumene ging es voran.

Es kam zu befreienden Annäherungen vor Ort, zwischen den Gemeinden, und es kam zu „Dokumenten wachsender Übereinstimmung" auf Weltebene.[6] Wir kamen uns wirklich näher, ohne unsere guten und fruchtbaren ökumenischen Differenzen aufgeben zu müssen. Manche biblische Überlieferungen sprechen eher für eine hierarchisch geordnete Kirche, andere mehr für eine demokratisch gestaltete, genauer: eine Gott untergeordnete, aber zwischen allen Menschen auf Freiheit und Gleichheit bedachte Kirche. In den 80er Jahren wurde dann das Rad in Rom wieder etwas zurückgedreht. Doch trotz aller päpstlich verstärkten Marienfrömmigkeit und inflationären Heiligenverehrung, die uns manchmal besorgt stimmt, weil wir darin eine Ablenkung von Gott, seiner Wahrheit und seinem Evangelium befürchten, ist die Begeisterung für die Orientierung an der Schrift im römischen Katholizismus erhalten geblieben. Damit blieb auch der Bildungsimpuls lebendig, der von der Schriftorientierung ausgeht. Während wir im Protestantismus „unsere Bibel" vielfach nur zu gut zu kennen meinen, wird ihr schöpferisches und revolutionäres Potential im römischen Katholizismus heute oft schärfer wahrgenommen. Viele der weltweit bekanntesten Theologen der Befreiung und der wirksamsten feministischen Theologinnen kamen aus der römisch-katholischen Kirche – und die besten unter

[6] Dokumente wachsender Übereinstimmung. Sämtliche Berichte und Konsenstexte interkonfessioneller Gespräche auf Weltebene, hg. von HARDING MEYER u.a, Paderborn / Frankfurt a. M., Bd. I (1931–1982), 2. Aufl. 1991; Bd. II (1982–1990), 1992; Bd. III (1990–2001), 2004.

ihnen beriefen sich auf eine gründliche, ja gründlichere Auslegung der Heiligen Schrift.

II. Christus allein!

Die große, überragende Autorität der Bibel ist darin begründet, dass sie von Gott und Gottes Offenbarung Zeugnis gibt. Genauer, sie ist darin begründet, dass sie das in vielen Zeugnissen tut, in Schriften und Büchern, in die ein Jahrtausend menschliches Nachdenken, Fragen, Suchen und Rufen nach Gott Eingang gefunden hat. Die biblischen Überlieferungen bezeugen himmelhochjauchzende Begeisterung über Gott, aber auch tiefe Zweifel und Verzweiflung an Gott. Für den christlichen Glauben im Allgemeinen und den Glauben der Reformation im Besonderen konzentriert sich dieser Glaube ganz besonders auf Jesus Christus. In ihm gibt sich Gott zu erkennen, klar zu erkennen. Gott der Schöpfer bliebe ohne diese Offenbarung zweideutig und dunkel.[7] Denn die Schöpfung ist schön und hässlich zugleich. Leben lebt auf Kosten von anderem Leben, „Leben ist Raub" (Alfred North Whitehead). Und doch beglückt und bezaubert uns dabei das Lebendige. Dass wir das Universum mit der Mathematik so erstaunlich erforschen können – spricht das nicht für einen göttlichen Geist in und hinter ihm? So denken die einen Naturwissenschaftler. Andere meinen: „Je länger ich das Universum mit seinen Milliarden von Galaxien betrachtete, desto sinnloser erschien es mir!" Aus solchen Spannun-

---

[7] Siehe dazu John Polkinghorne, Michael Welker: An den lebendigen Gott glauben. Ein Gespräch, Gütersloh 2005, Kapitel 1 und 2.

gen, Zweifeln und Zweideutigkeiten führt uns der Glaube an einen Schöpfer nicht heraus.

Nach dem Zeugnis von Israel zeigt sich Gott nur unvollkommen und undeutlich in der Natur. Er offenbart sich in seinem Rettungshandeln an Israel und in seinem Gesetz. Nach der Überzeugung des Neuen Testaments und auch der Reformation offenbart sich Gott in voller Klarheit in Jesus Christus, wie ihn uns die Heilige Schrift bezeugt. Das Alte Testament weist auf ihn hin, das Neue Testament weist auf ihn zurück. Es zeigt uns in ihm den wahren Menschen – es erschließt aber auch in ihm das Geheimnis Gottes. Mit großer Leidenschaft haben die Reformatoren davor gewarnt, an Christus vorbei über Gott zu spekulieren. Nicht in höchsten und tiefsten Gedanken und Spekulationen, nicht in abgründigen Gefühlen und rauschhaften Erlebnissen oder gar machtvollen politischen Ereignissen begegnen wir Gott. Die Auseinandersetzung, die Gott mit den Mächten und Gewalten dieser Welt führt, die Jesus Christus ans Kreuz bringen – diese Auseinandersetzung Gottes mit den Mächten und Gewalten stand für die Reformatoren im Zentrum des Glaubens. Mit Paulus wollten sie sich auf Jesus Christus, und zwar den Gekreuzigten (1 Kor 2,2; vgl. 1 Kor 1), konzentrieren, um in ihm die Liebe Gottes und Gott selbst zu erkennen.

Warum ist das Kreuz Christi so zentral für den christlichen Glauben? Warum steht in den meisten Kirchen der Welt das Kreuz im Zentrum? In Kreuz und Auferstehung offenbart Gott seine wahre Macht. Doch zunächst sehen wir am Kreuz Jesus hingerichtet von der Weltmacht, damals der Weltmacht Rom. Aber auch die von Rom unterdrückten religiös Einflussreichen in Israel wollen seine Kreuzigung. „Politik und Religion" sind sich also einig. Und das Recht gibt ihnen recht. Auch im Namen des römischen und des jüdischen Rechts wird Jesus umgebracht. Mit all dem stimmt schließlich noch die öffentliche Meinung überein: „Da schrieen sie alle: Ans Kreuz mit ihm!" (Mt 27,22 f.25; Mk 15,13f; Lk 23,21.23; Joh 18,40; 19,6.15). Und selbst Jesu Jünger verlassen ihn „in der Nacht, da er verraten ward" – wie wir, auf der Grundlage der biblischen Zeugnisse, in jeder Feier des Abendmahls hören sollten.[8] Die ganze Welt stellt sich gegen Gott, gegen seine Offenbarung, gegen seinen Willen, sich in Jesus Christus den Menschen zu zeigen. In diese tiefste Erniedrigung begibt sich Gott hinein, in tiefstes Leid, in tiefste Not. Nichts Menschliches ist Gott fremd, auch nicht der Tod, auch nicht die Abgründe der Gewalt, der Grausamkeit und des ohnmächtigen Leidens.

„Theologie des Kreuzes" hat Luther diese Erkenntnis genannt.[9]

Hier müssen wir mit aller Gotteserkenntnis ansetzen. Nicht mit Spekulationen über die Größe, Majestät und Herrlichkeit Gottes, mit denen wir uns nur blenden, versteigen und in Illusionen hineinbegeben oder von anderen betrügen lassen. Gott begibt sich hinein in das Leiden unter den Mächten und Gewalten dieser Welt, um zu offenbaren, dass diese Welt unter einer Macht steht, die die Bibel Sünde nennt. Die Menschen haben große Macht! Sie können sich gewaltig gegen Gott und Gottes Gegenwart stellen. Die Welt

---

[8] Siehe dazu MICHAEL WELKER: Was geht vor beim Abendmahl?, erweitert um ein Register und ein Nachwort zur päpstlichen Enzyklika Ecclesia de Eucharistia, 3. Aufl., Gütersloh 2005.

[9] Siehe dazu besonders seine berühmte Heidelberger Disputation vom 26. April 1518, in: Martin Luther Studienausgabe, hg. von HANS-ULRICH DELIUS, Bd. 1, Berlin-Ost 1979, S. 186–218.

und die Menschheit sind radikal von Gott unterschieden. Das macht uns das Kreuz Christi erschreckend deutlich.

Diese grausige, zerstörerische Macht der Welt und der Menschen verdrängen wir immer wieder. Wir leben nicht im Paradies. Gott räumt uns als von ihm unterschiedenen Geschöpfen auch widergöttliche, zerstörerische Macht ein. Menschen können verheerende Kriege, Konzentrationslager, Katastrophen und Weltbrände heraufbeschwören. Das Kreuz zeigt uns diese Schreckensgestalt der Welt und der Menschheit. Es ist und bleibt ein nur zu oft überhörtes Warnsignal. Es ist aber auch ein Zeichen tiefen Trostes: Gott lässt seine Schöpfung auch in der massivsten Selbstgefährdung und in der größten Not nicht im Stich. Gott ist gegenwärtig auch in Not und Tod. Er steht bei den Leidenden und den Opfern der Weltgeschichte in der Gestalt des leidenden und sterbenden Christus. Und Er lässt sie nicht im Stich – auch wenn die Weltgeschichte einfach über sie hinwegzurollen scheint. So wie Gott mit unserem individuellen Tod nicht die Akten über uns schließt, so findet Er sich auch nicht mit den Gewalten der Weltgeschichte ab.

In der Auferstehung offenbart Gott die größere Macht, die in aller Bescheidenheit auf ein Leben verweist, das stärker ist als dieses Leben, das dem Tod unterworfen ist. Der auferstandene Christus ist nicht einfach ein wiederbelebter Jesus. Der auferstandene Christus, der in uns und durch uns als „Glieder seines Leibes" lebt und leben will, ist im Geist und im Glauben lebendig.[10] Er regiert und lenkt die Welt

[10] Siehe dazu Hans-Joachim Eckstein, Michael Welker (Hg.): Die Wirklichkeit der Auferstehung, 3. Aufl., Neukirchen-Vluyn 2006; Günter Thomas, Andreas Schüle (Hg.): Gegenwart des lebendigen Christus, Leipzig 2007.

in oft unscheinbaren Taten der Liebe, der Gerechtigkeit, der Barmherzigkeit, der Vergebung, der Erleuchtung, der Erschließung von Wahrheit, der Hoffnung. In dieser Macht wirkt er unter den Lebenden und den Toten. Durch ihn ist Gott schöpferisch am Werk, wirkt Er in der Welt – an allen Weltmächten und Herrschern vorbei und mitten unter ihnen. „Gar heimlich führt er sein Gewalt!" Auf diese Macht haben die Reformatoren gesetzt, an diese Macht haben sie ihr Herz gehängt, auf diese Macht haben sie gebaut und vertraut. An Christus, den wahren Menschen und den wahren Gott zugleich, müssen wir uns halten, wenn wir auf Gottes Wege gelangen, an seiner Macht Anteil gewinnen wollen, wenn wir schon jetzt in sein Leben verwickelt werden wollen, das auch dann, wenn die natürliche Welt vergangen sein wird, in einer uns noch unvorstellbaren Weise weiter wirkt, ewig lebendig ist.

In der Erfahrung der Liebe und der Vergebung, in der Erfahrung von Heilung und Rettung gewinnen wir ein Gespür für die Macht Gottes, die gültig und bleibend ist und stärker ist als der Tod. Aber wir können diese Macht nicht klar erfassen, wir können sie nicht festhalten, wir können uns ihr nur hingeben als einem überwältigenden Geschehen und Geschenk. Allein im Glauben und allein aus Gnade können wir in diesem Kontakt zu Gott und in dieser Gemeinschaft mit Gott leben – *sola fide, sola gratia*.

III. Allein aus Gnade!

Wenn wir uns nur an den Schöpfer halten, abgelöst von der Tatsache, dass Er sich uns in Christus zu erkennen gibt und uns in der Kraft des Heiligen Geistes mit Christus und mit sich verbindet, dann kommen wir aus unseren religiösen und weltanschaulichen Zweifeln nicht heraus. Das ist die feste Überzeugung der Reformatoren. Das Leid der Welt, ihre Endlichkeit und Sterblichkeit schieben sich dann zwischen uns und Gott. Wie kann ein allmächtiger und gütiger Gott das unermessliche Leid in der Welt zulassen? Noch stärker werden die Zweifel, wenn wir die Brutalität und Gewalt, die Herrschsucht und den Zynismus, die Menschenverachtung und die Gleichgültigkeit gegenüber der verletzlichen Schöpfung um uns herum und mitten unter uns wahrnehmen. Dann kann uns die Welt manchmal als ein richtiges „Jammertal" erscheinen, das für Gott einfach keinen Platz hat. Wenn wir Gott dagegen in Jesus Christus zu erkennen suchen und in der Macht des Geistes, der einen jeden und eine jede von uns in aller Bescheidenheit für sich und für sein ewiges Leben gewinnen will, dann können wir Gott mitten in diesem Jammertal entdecken und erkennen – als „Freund des Lebens" an unserer Seite, in all unserer Ohnmacht und Hilflosigkeit. Wir spüren aber auch den Geist Christi, ausgegossen in unsere Herzen, in unseren Begabungen, Kräften und Möglichkeiten, mit denen wir den Geist der Liebe und Vergebung, die Kräfte der Erhebung und Verherrlichung unseres Lebens erfahren, bezeugen und weitergeben können.

Die Botschaft der Reformation, die diese befreiende und erhebende Erkenntnis zum Ausdruck bringt, ist bis heute nur unter Mühen verstanden worden. Unter der schwierigen Rede von der „Rechtfertigung" hat sie sich oft verborgen gehalten. Rechtfertigung meint: Gott erweist den Menschen Gemeinschaftstreue, Gott würdigt die Menschen, in Gemeinschaft mit Ihm zu treten. Und zwar ohne Vorausbedingungen und ohne Vorleistungen auf Seiten des Menschen. „Rechtfertigung des Sünders“, „Rechtfertigung des Gottlosen“ lautet die Botschaft manchmal sogar und wird damit noch verwirrender. Diese Verwirrung wird nicht beseitigt, wenn nur die absolute Macht Gottes und die absolute Abhängigkeit des Menschen im Geschehen der Rechtfertigung betont wird. Wird hingegen deutlich gemacht, dass Gott den Menschen Gemeinschaftstreue erweist, indem Er sie zu Gliedern am Leib Christi werden lässt und mit den Gaben und Kräften des Heiligen Geistes erfüllt, dann wird die befreiende, rettende und uns Menschen erhebende Kraft dieses Geschehens nachvollziehbar.

Wer die Botschaft des „Christus allein“ richtig aufgenommen hat, dem wird die schwierige Botschaft der Rechtfertigung nicht verschlossen bleiben: Gott tritt trotz des Widerstands der Welt und der Menschen in Christus und in der Gestalt des Gekreuzigten mitten unter sie – in ihrer größten Not und Verlorenheit tritt Gott selbst an ihre Seite. Er ergreift sie als der auferstandene Herr, macht sie zu Trägern seines Lebens auf dieser Erde, zu seinen Zeuginnen und Zeugen, zum Tempel seiner Gegenwart. Viele Bilder der Bibel suchen zu verdeutlichen, wie leidenschaftlich Gott die Menschen in sein Leben zu verwickeln sucht.

Aus Gnade allein erzeigt uns Gott diese Gemeinschaftstreue, rechtfertigt Gott uns, würdigt uns der engsten Gemeinschaft mit Gott selbst. Die überwältigende Macht des schöpferischen Gottes und die Kraft des Heiligen Geistes, der „Männer und Frauen, Alte und Junge, Knechte und Mägde“ (Joel 3, Apg 2,17–21), aber auch Menschen aller Nationen, Kulturen, Traditionen und Sprachen überkommt, muss im Geschehen der Rechtfertigung wahrgenommen werden. Gottes rechtfertigende Gemeinschaftstreue ist eine oft unscheinbar wirkende, aber gerade so siegreich der Lüge und Gewalt der Sünde entgegenwirkende Macht.[11] In ihr wendet sich Gott auch dem Kleinsten und Hilflosesten zu, in Liebe und Güte, Freundlichkeit und Nähe die Geschöpfe rettend, aufrichtend, erhebend.[12]

IV. Allein aus Glauben

Diese Gemeinschaftstreue, diese Nähe Gottes wird im Glauben angenommen. Dieser Glaube kann verschiedene Gestalten haben. Er kann stärker emotional ausgeprägt sein, sogar „rein emotional" bis zur völligen Unklarheit der Gottesbeziehung. Diese unklare Gottesbeziehung ist nicht nur in Strömungen römisch-katholischer Theologie zu Hause, die einseitig die Jenseitigkeit und Unerkennbarkeit Gottes betonen. Sie ergreift und lädiert immer wieder auch den Protestantismus.[13] Die Botschaft der Reformation dagegen lenkt unsere Aufmerksamkeit auf die klare und deutliche Gottesbeziehung, die wir durch Christus allein

---

[11] Siehe dazu den Beitrag von Berndt Hamm zur Reformation als Emergenzgeschehen in diesem Band, sowie Calvin: Institutio III,11 f.

[12] Janet Martin Soskice hat diese machtvolle und zugleich emphatisch liebevolle Nähe Gottes eindrücklich verdeutlicht in: The Kindness of God, Oxford 2007; aus jüdischer Sicht erschließt diese Wahrheit Michael Fishbane: Sacred Attunement. A Jewish Theology, Chicago / London 2008.

[13] Vgl. Michael Welker: Subjektivistischer Glaube als religiöse Falle, in: Ingolf U. Dalferth, Philipp Stoellger (Hg.): Krisen der Subjektivität. Problemfelder eines strittigen Paradigmas, Tübingen 2005, S. 143–156.

und die Schrift allein gewinnen können. Sie macht uns Lust an einem Glauben, der Erkenntnis sucht, an einem Glauben mit einer Leidenschaft für die Wahrheitserkenntnis. Sie will einen jeden Menschen zu einem Wachsen in der Glaubenserkenntnis einladen. Die Botschaft der Reformation lädt ein zur Freiheit der Christenmenschen, die mündig und ohne äußere Bevormundung ihren Glauben gedanklich durchdringen, bekennen und leben wollen. Dabei ist es wichtig, zu erkennen, dass der Glaube nicht nur eine subjektive Einstellung und Haltung Gott gegenüber ist, sondern auch ein objektives Gemeinschaftsgeschehen. Der Glaube kommt mit Jesus Christus, wie Paulus im Brief an die Galater betont. Er ist eine Gabe des Heiligen Geistes. Er verbindet Menschen in dem geistlichen Austausch, den wir oben unter dem Titel „Die Schrift allein!" beschrieben haben. Paulus dankt in seinen Briefen den Gemeinden für ihren Glauben, der weithin ausstrahlt, erkannt und verkündigt wird. Dabei ist dieser Glaube ein empfangenes, ergriffenes Geschenk, ein Geschenk der Gnade Gottes. Ohne Christus, ohne die Schrift ist der Glaube nicht klar und lebendig. Das hat die Reformation erkannt. Sie hat sich damit der religiösen Herrschaft von Menschen über Menschen widersetzt und eine Bewegung ausgelöst, die auch in Zukunft für das Leben und das Zeugnis der christlichen Kirche Maßstäbe setzen wird.

Die Botschaft der Reformation ging im 16. Jahrhundert von Deutschland und der Schweiz aus. Sie breitete sich aus wie ein Lauffeuer: die Botschaft der „Religion der Freiheit" begeisterte viele Menschen und setzte eine Bildungsreform in Gang und politische Entwicklungen, die die Qualität der abendländischen Kulturgeschichte, die Entwicklung der Demokratien und der Sozialstaaten und der Bildungswesen bis heute prägen. Die Botschaft der Reformation war so mächtig, dass sie von der Gegenreformation an vielen Orten nur mit Terror und nackter Gewalt, mit Waffen und viel Blutvergießen aufgehalten und rückgängig gemacht werden konnte. Die Hugenottenkämpfe und die erfolgreiche Vertreibung des Protestantismus aus Frankreich sind dafür ein Beispiel. Aber auch die Protestanten sind in den folgenden Glaubenskämpfen ihrem Wahlspruch: „Allein durch die Macht des Wortes wollen wir siegen!“ nur zu oft untreu geworden.

Luther hat das Evangelium, die Botschaft von der Offenbarung Gottes in Christus, die Botschaft von der Rechtfertigung des Menschen durch Gott, die im Glauben angenommen wird, als einen „fahrenden Platzregen“ bezeichnet. Das Evangelium breitet sich in der Kraft des Geistes aus wie ein heftiger, aber belebender Regen über dem trockenen Land, das sehnsüchtig auf ihn wartet. Gelegentlich soll Luther gesagt haben: „Ich habe mit Meister Melanchthon beim Bier gesessen, und das Wort Gottes ging aus wie ein fahrender Platzregen! Ich habe nur ein wenig geschrieben und gepredigt.“ Wir wissen, dass Luther und die Reformatoren rastlos tätig waren in der Reform der Kirche, der Universitäten, der Schulen, des Predigtwesens, der Pflege der Frömmigkeit in den Familien und des ganzen Bildungssystems. Doch sie sahen sich selbstkritisch und gesprächsbereit in ihrem Engagement und Eifer getragen von der Gnade Gottes. Sie sahen sich aus einem Jesus Christus und der Botschaft der Schrift gehorsamen Glauben heraus wirken: „Wenn ich nicht durch Zeugnisse der Schrift oder einsichtige Vernunftgründe widerlegt werde ...“ Indem sie so die Botschaft Jesu Christi und der Heiligen Schrift gegenüber religiöser und weltlicher Macht ins rechte Licht zu rücken suchten, gewannen sie ihre

Zeitgenossen für neue Glaubensbegeisterung und Glaubenserkenntnis.

Wir sehen am Beginn des dritten Jahrtausends machtvolle Glaubensbewegungen, vor allem die der Pfingstkirchen und der charismatischen Gruppen, auf 300.000.000 bis zu einer halben Milliarde Christen geschätzt, die wir oft bewundern oder beneiden, in denen wir aber die Klarheit der Botschaft der Reformation vermissen. Wir leiden manchmal an den neuerlich gezielten Herabsetzungen der evangelischen Kirchen durch Rom und an der drohenden Verdunklung der Konzentration auf Jesus Christus durch zunehmend propagierte schriftferne Marienreligiosität, eine Inflation von Heiligen, eine neue Tabernakelfrömmigkeit und immer wieder zu beobachtende Anläufe, den Papst möglichst stark mit Christus zu identifizieren. Sogar dem SPIEGEL fiel es seinerzeit auf, dass die Krankenhausaufenthalte von Johannes Paul II. vom Vatikan wie Kreuz- und Auferstehungsgeschichten inszeniert wurden. Viele von uns waren unangenehm berührt, als Papst Benedikt XVI. bei der ersten Großaudienz mit deutschen Pilgern seine Wahl zum Papst mit der Geschichte Jesu Christi in Gethsemane verglich: „Als ich das Beil (des neuen Amtes auf mich) herabkommen sah, habe ich zu Gott gebetet, aber er hat meine Stimme nicht erhört." Ganz entsprechend meinte Kardinal Meissner, in der Presse die Fahrt des Papstes auf dem Rhein bei seinem Besuch in Köln mit Jesu Rede vom See Genezareth vergleichen zu müssen.

Diese Tendenzen Roms, sich wieder stärker und deutlicher zu entfernen von den ökumenischen Gemeinsamkeiten in der Konzentration auf die Offenbarung Gottes in Christus und auf die Achtung der primären Autorität der Bibel unter allen Glaubenszeugnissen, diese Tendenzen sind erheblich bedrückender als die verbalen Herabsetzungen der evangelischen Kirche. Dennoch darf uns die Botschaft der Reformation heute nicht in antiökumenische Haltungen zurückfallen lassen. Die Botschaft der Reformation heute will uns zu klarer Gotteserkenntnis einladen: *solus Christus, sola scriptura*. In diesen Bindungen erweist sich „die Religion der Freiheit und der Bildung" als eine evangelische Kirche, die allein aus Gottes in Christus offenbarer Gemeinschaftstreue leben will: *sola gratia, sola fide*.

Diese Botschaft, durch Zeugnisse der Schrift und offenbare Vernunftgründe vermittelt, müssen wir wieder neu auf uns selbst wirken lassen und unter uns neu ernst zu nehmen lernen. Es wird dann gar nicht ausbleiben, dass sich immer mehr Menschen auch in den ökumenischen Schwesterkirchen, ob pfingstlich oder römisch, für diese Botschaft begeistern: In Jesus Christus macht sich Gott euch gegenwärtig, nimmt Er euch bedingungslos an! In Jesus Christus zeigt Gott die wahrhaft göttliche Gemeinschaftstreue, rechtfertigt, bewahrt, rettet und erhebt Er euer Leben. Die Heilige Schrift aber ist die erste und beste Hilfe, diese Wege Gottes mit euch zu erschließen.

Im Zweiten Vatikanischen Konzil haben wir gesehen, dass diese Botschaft der Reformation auch in der römischen Schwesterkirche ankommen kann, und wir sahen gute und segensreiche ökumenische Folgen. In den gegenwärtigen Anliegen führender Theologen und Theologinnen der Pfingstkirchen, eine biblisch und christologisch orientierte Theologie zu entwickeln, ohne die missionarische Stärke ihrer Bewegung zu verlieren, sehen wir ebenfalls Hoffnungszeichen, dass die Botschaft der Reformation die weitere

Ökumene durchdringt.[14] Wir sollten hoffen und uns dafür einsetzen, dass diese Botschaft der Reformation auch in den Kirchen, die sich stolz „Kirchen der Reformation" nennen, weiterhin klar und lebendig bleibt. Möge diese Botschaft der Reformation heute an Klarheit und Lebendigkeit wieder deutlich zunehmen!

---

[14] Siehe dazu FRANK D. MACCHIA: Baptized in the Spirit. A Global Pentecostal Theology, Grand Rapids 2006; MICHAEL WELKER (Hg.): The Work of the Spirit. Academic Pneumatology and Pentecostalism, Grand Rapids 2006.

4. Kapitel

Sola scriptura

Die Autorität der Bibel in pluralistischen Umgebungen

Michael Welker

Wie kaum ein anderes Thema der theologischen Dogmatik hat das Thema „Bibel und Autorität der Schrift" merkwürdige Formulierungen und Formeln hervorgebracht. Die Rede vom „Schriftprinzip" und Formeln wie das *„sola scriptura*", die „Selbstauslegung der Schrift", die „Unfehlbarkeit der Schrift", die „äußere und innere Klarheit der Schrift", aber auch Wendungen wie „die biblische Theologie" oder „the Bible is true" gehören zu dem eigenartigen Arsenal der Verteidigung, mit dem die Autorität der Schrift gesichert werden soll. Merkwürdig sind diese Formulierungen und Formeln, weil sie einerseits kurz und klar erscheinen, andererseits aber – jedenfalls ohne erhebliche Interpretation und Qualifikation – vielfach Anstoß erregen und zu Fehlorientierungen geführt haben. Mit Recht stoßen diese Wendungen, die man „Autoritätsformeln" nennen kann, immer erneut auf Widerspruch und Protest.

Begegnen Menschen, die eine gewisse Kenntnis der Bibel besitzen, diesen Autoritätsformeln, so kommen sie aus dem Befremden nicht mehr heraus. Denn in der Bibel tritt ihnen eine Vielzahl von Überlieferungen entgegen, die nicht nur untereinander spannungsreich sind, sondern die auch zu unseren aktuellen Lebens- und Erfahrungswelten in vielen Spannungen stehen. Die Rede von der Unfehlbarkeit der Schrift oder davon, dass die Schrift sich selbst auslege, erscheint angesichts dieser Sachlage zunächst einmal höchst fragwürdig.

Wer daraufhin das Studium der Schrift intensiviert, muss – über die Tatsache der spannungsreichen Differenzen hinaus – erkennen, dass etliche biblische Überlieferungen religiöse, weltanschauliche und moralische Sichtweisen vertreten, die von anderen biblischen Überlieferungen problematisiert werden, die aber auch viele Menschen heute beim besten Willen nicht teilen können. Wie soll da von „Unfehlbarkeit" der Schrift, davon, dass sie nicht irren könne und dass sie „wahr sei", gesprochen werden können? Die Rede von der äußeren und inneren Klarheit der Schrift und die Rede davon, dass die Schrift sich selbst auslege, können schließlich geradezu wie Hohn erscheinen, wenn uns klar gemacht wird, dass die biblischen Überlieferungen über mehr als eintausend Jahre hinweg „gewachsen" sind und das wir dies bei der Lektüre berücksichtigen sollten. Denn damit sehen sich die Leserinnen und Leser an ein ganzes Heer von Spezialisten der Theologie, der Bibelexegese, der Geschichtswissenschaften und der Kulturwissenschaften verwiesen, die ihnen zu einem sachgemäßen Umgang mit der Heiligen Schrift verhelfen müssen. Von Selbstauslegung der Schrift und vom Grundsatz: „die Schrift allein" kann nun, so scheint es, überhaupt keine Rede mehr sein. Hoffnungslos naiv erscheint vor diesem Hintergrund die berühmte Kampfformel der Reformation: *Sola scriptura!*[1]

Konfrontiert mit der überwältigenden Komplexität der biblischen Überlieferungen, drängt sich allerdings ein anderer Zugang zur Schrift als attraktiv auf. Er wird mit der Versicherung ansetzen, es komme nicht so sehr auf die biblischen Details an. Die an der Bibel Interessierten sollten sich an die personale Begegnung mit Gott oder an Jesus Christus oder an die Heilsgeschichte oder an den Bund oder an die Versöhnung oder an einen anderen roten Faden halten, der – tatsächlich oder angeblich – durch die ganze Schrift hindurchführe. Doch auch dieser vermeintliche Ausweg aus der verwirrenden Komplexität der biblischen Überlieferungen erweist sich bald als problematisch. Führt er doch – bloß gegen die Autorität der Schrift gesetzt – lediglich ein religiöses, theologisches oder dogmatisches *Prinzip* ein, das nun die Perspektiven auf die Schrift lenken soll. Vielleicht froh, endlich einen klaren Leitfaden gefunden zu haben, werden die einen *diese Autorität* gern gegen die unerträglich komplizierte *Schriftautorität* austauschen. Andere aber werden feststellen, dass sie nun mit einem mehr oder weniger starken Filter versehen worden sind, der den Reichtum der biblischen Überlieferungen ganz erheblich reduziert und zu beständigen Ausblendungen und Abstraktionen nötigt, aber auch zu beständigen hermeneutischen Konstruktionen, die der Schrift äußerlich bleiben.

---

[1] Siehe zur Interpretation dieser Formel im Zusammenhang des reformatorischen Programms meinen Beitrag in diesem Band: „Die Botschaft der Reformation – heute".

Einmal auf dieser Ebene angelangt, kann die Autorität der Schrift leicht weiter angezweifelt und demontiert werden. Entdecken wir nicht viele Spuren von Nationalismus, Patriarchalismus und Gewaltverherrlichung in der Bibel, Einstellungen, die wir nur zu gern hinter uns ließen? Wie stellt sich uns angesichts der Widersprüche und Konflikte zwischen den verschiedenen biblischen Texten ihr Anspruch auf Wahrheit dar? Müssen wir nicht die Philosophien, die allgemeinen Theorien, die Weltanschauungen und Moralen, die historischen und die vielen anderen wissenschaftlichen Erkenntnisquellen und Rationalitäten zumindest neben der Schrift zur Geltung kommen lassen, wenn wir uns um Ehrlichkeit und Wahrhaftigkeit bemühen wollen – auch in Glaubenssachen? Erweist sich also in den verschiedenen – exegetischen, historischen und systematischen – Perspektiven die *sola-scriptura*-Formel als ein Irrweg, zumindest als Einseitigkeit, die dringend der Korrektur bedarf?

Werden die genannten Probleme mit der Bibel und ihrer Autorität deutlich ausgesprochen, so muten alle Autoritätsformeln prekär, ja sie muten unglaubwürdig und unwahrhaftig an. Müssen wir die Rede vom „Schriftprinzip", wenn sie als summarische Formel die genannten Autoritätsformeln wie das „*sola scriptura*", die „Selbstauslegung der Schrift", die „Unfehlbarkeit der Schrift", die „äußere und innere Klarheit der Schrift" stützt, müssen wir diese Rede nicht radikal in Frage stellen? Suggeriert die Rede vom „Schriftprinzip" – wie auch immer wir dieses „Prinzip" näher bestimmen und inhaltlich füllen – nicht eine Klarheit und Stimmigkeit, die bei genauerer Betrachtung der inneren Verfassung der Bibel einfach nicht gegeben ist?

Nun sind die Komplexität und der Spannungsreichtum der biblischen Überlieferungen den Theologen, die die genannten Autoritätsformeln geprägt haben, natürlich nicht entgangen. Unsere erste bewusst naiv-kritische Lesart der verschiedenen Autoritätsformeln, zu der wir uns durch die tatsächlich unglückliche und missverständliche Rede vom „Schriftprinzip" verleiten ließen, bedarf also der Prüfung und der Korrektur. Wenn es denn richtig ist, dass die Schrift weder unter ein Prinzip zu bringen noch auf ein Prinzip zu reduzieren ist, was besagen dann die Autoritätsformeln? Der folgende Beitrag wird vorschlagen, vom *vierfachen Gewicht der Schrift* zu sprechen, um die ihr von den Reformatoren zuerkannte Autorität heute verständlich zu machen. In einer Beschreibung des vierfachen Gewichts der Schrift wird zunächst das reformatorische *sola scriptura* erläutert. Im Anschluss daran wird die Programmformel *biblische Theologie* diskutiert, die ebenfalls oft als Autoritätsformel verstanden worden ist. Schließlich soll gezeigt werden, warum sich die spezifische Autorität der Schrift gerade in autoritätskritischen pluralistischen Kontexten bewährt.

I. Das „sola scriptura" und das vierfache Gewicht der Schrift

Die Schrift allein – *soll Königin sein*! Sie soll Königin sein unter den mündlichen und schriftlichen Zeugnissen von Gott und Gottes schöpferischem Willen! So lautet Luthers unverkürzte Sola-scriptura-Formel.[2] Die Schrift ist Köni-

[2] Der nordamerikanische Reformationshistoriker David Steinmetz

gin – aber sie ist nicht Gott.[3] Sie ist nicht eine in jedem Wort von vornherein unfehlbare Autorität. Luther hat, obwohl leidenschaftlicher Verfechter des *sola scriptura regnare*, davor gewarnt, die Bibel zu einem „papiernen Papst" zu machen. Die Schrift bedarf zu ihrer Auslegung mehr als nur der Verlesung in erhöhtem Ton. Sie bedarf wohl einer Auslegung, die sich immer wieder neu und immer wieder zuerst an ihr als vorrangiger Zeugin orientiert. Die Schrift ist Zeugnis von Gott. Sie ist Gottes Wort in menschlicher Sprache und in menschlichen Sichtweisen. Sie ist, genauer besehen, ein vielperspektivisches Zeugnis. Ja, sie bietet eine „Wolke von Zeugen" (Hebr 12,1), besser gesagt, eine ganze Landschaft von Zeugnissen. Sie bietet die beste schriftliche Zeugnissammlung von Gott und Gottes Willen, die die Christenheit besitzt. Deshalb soll sie Königin sein unter allen anderen Zeugnissen.

Warum konnte Luther, warum konnten die Reformatoren dies mit so großer Bestimmtheit behaupten? Wie gingen sie mit der Spannung um, dass die Schrift einer Auslegung bedarf, die mehr ist als eine Verlesung ihrer Texte; dass sie dabei aber allen anderen menschlichen Zeugnissen vorzuordnen ist? Zunächst ist das große *historische Gewicht* der biblischen Überlieferungen zu erkennen und zu würdigen. Die biblischen Überlieferungen sind über mindestens ein-

---

hat darauf aufmerksam gemacht, dass die Reformatoren generell das *sola scriptura* verstanden haben als ein *scriptura valde prima*.

[3] Vgl. DAVID H. KELSEY: The Uses of Scripture in Recent Theology, Philadelphia 1975; HANS HEINRICH SCHMID, JOACHIM MEHLHAUSEN (Hg.): Sola Scriptura. Das reformatorische Schriftprinzip in der säkularen Welt, Gütersloh 1991; RICHARD ZIEGERT (Hg.): Die Zukunft des Schriftprinzips, Bibel im Gespräch 2, Stuttgart 1994.

tausend Jahre hinweg, nach dem Urteil mancher Bibelwissenschaftler sogar über fast eineinhalb Jahrtausende hinweg vorbereitet, gesammelt, miteinander verglichen, aufeinander bezogen und miteinander abgestimmt bzw. aneinander geprüft worden, weshalb auch gesagt wird, sie seien über viele Jahrhunderte hinweg „gewachsen". Eine sich über mehr als ein Jahrtausend erstreckende Suche nach Gotteserkenntnis und die entsprechende Vielzahl der Glaubenserfahrungen mit Gott schlagen sich in diesen Texten nieder. Eine überaus beeindruckende Zeugnisgeschichte wird von der Schrift festgehalten und dokumentiert.

Immer wieder ist allerdings demgegenüber – mit Lessings Worten – der „garstig breite Graben" zwischen unserer geschichtlichen Situation und den biblischen Überlieferungen hervorgehoben worden. Immer wieder ist frei nach einem Aphorismus Hegels die „längst vergangene Welt der Bibel" abgeschrieben worden: „In Schwaben sagt man von längst Geschehenem: es ist schon so lange, dass es bald nicht mehr wahr ist. So ist Christus schon so lange für unsere Sünden gestorben, dass es bald nicht mehr wahr ist."[4] Doch solche ironischen Aussagen verkennen, dass trotz aller nicht zu leugnenden Entfernungen und Differenzen zwischen den Weltanschauungen, Rationalitäten und Moralen der Bibel und denen unserer Zeit hier wie dort Menschen mit ihren Fragen nach Gott und mit ihren Glaubenserfahrungen stehen: Menschen, die tief verunsichert, bedrückt oder verzweifelt sind, Menschen, die aber auch tiefe Erfahrungen der Beglückung, der Befreiung und Erhebung gemacht

---

[4] JOHANNES HOFFMEISTER: Dokumente zu Hegels Entwicklung, 2. Aufl., Stuttgart 1974, S. 358.

haben, Menschen, die ähnliche leibliche Bedürfnisse haben wie wir, Menschen, die mit Liebe und Hass, Hoffnung und Enttäuschung, Krankheit und Tod leben müssen, die den Mächten der Natur und der Kultur ausgesetzt sind, die ihr individuelles Leben und ihr menschliches Zusammenleben steuern und verbessern wollen und die dabei immer wieder an Grenzen stoßen. Auch wenn die Prägung und Tönung aller dieser Erfahrungen in den biblischen Kontexten von der Prägung und Tönung unserer Erfahrungen in vielem abweicht – inmitten der Fremdheit und Ferne wird immer wieder eine erstaunliche Nähe deutlich werden, nicht auf der ganzen Linie, aber doch hinsichtlich bestimmter Personen, Situationen und Konstellationen. Immer wieder wird sich also das historische Gewicht der Schrift auch in einem großen *existentiellen Reichtum* zur Geltung bringen.

Mit ihrem großen historischen Gewicht und ihrem die individuelle und gesellschaftliche menschliche Existenz erfassenden Reichtum hat die Bibel eine zweitausendjährige Wirkungsgeschichte in dieser Welt entfaltet. Und nichts spricht für ein baldiges Ende dieser Wirkungsgeschichte, auch wenn am Ende des zweiten Jahrtausends in den westlichen Industrienationen religiöse Ermüdungserscheinungen und religiöser Bildungsverfall bis hin zum religiösen Analphabetismus um sich greifen. Dabei müssen wir allerdings auch sehen, dass eben diese religiös ermüdeten Gesellschaften über ihre Bildung, ihr Brauchtum und ihre Lebens- und Jahresrhythmisierung, über die Kunst und über das Ethos geradezu vollgesogen sind mit der kulturellen Substanz der Bibel. Allerdings haben keineswegs alle Menschen an dieser kulturellen Substanz und ihrem Einfluss ihre ungebrochene Freude. Viele leiden vielmehr an der Macht der biblischen

Überlieferungen, oder sie klagen jedenfalls darüber. Sprechen wir vom *kulturellen Gewicht* der Bibel, so denken sie an deren offenen und impliziten Patriarchalismus, an die Ethnozentrik, an die Verteidigung wissenschaftlich problematisierter Weltbilder und daran, dass „die Bibel" ideologisch autoritäre Strukturen und – jedenfalls aus heutiger Sicht – weltfremde Moralen gestützt hat.

Sowenig es sich leugnen lässt, dass sich entsprechende Züge in den biblischen Überlieferungen finden bzw. dass die biblischen Texte immer wieder ideologisch und zur Unterdrückung von Menschen verwendet worden sind, so unwahrhaftig sind aber auch die Klischees, die nur diese Aspekte hervorheben. Erst indem wir die Verschiedenartigkeit der biblischen Zeugnisse, die Verschiedenartigkeit ihrer jeweiligen „Sitze im Leben" und damit auch die Verschiedenartigkeit der Ausstrahlungs- und Überzeugungskräfte der Schrift betonen, kommt neben dem historischen auch ihr eigentliches *kulturelles Gewicht* in den Blick. Erfahrungen von Frieden *und* von Krieg, von Befreiung *und* Unterdrückung, von Freude *und* Not begleiten und prägen die Zeugnisse von Gottes Gegenwart, aber auch von Gottes Ferne, von Gottes rettendem *und* von Gottes richtendem Wirken. Die Bibel bietet Zeugnisse aus Israels vorstaatlicher, staatlicher und nachstaatlicher Zeit, Zeugnisse von normativer Stabilität, von normativer Erstarrung und von normativen Krisen. Wir finden die Selbstverständlichkeiten der antiken Sklavenhaltergesellschaft, und wir finden wichtige Ansätze, die Sklaverei in Frage zu stellen und allmählich aufzuheben. Wir finden den Patriarchalismus und die Ethnozentrik in vielen Ausprägungen, und wir finden Kräfte und Stimmen, die neue freiheitliche Formen menschlichen Zusammenlebens propagieren. Die biblischen Überlieferungen treten in Auseinandersetzung mit den unterschiedlichsten damaligen Kulturen, Normen und Mächten. Sie stellen die verschiedensten politischen, sozialen und kulturellen Kontexte in Frage. Und sie bieten Orientierung und Trost in den verschiedensten individuellen und kommunalen Entwicklungs-, Bildungs- und Krisenlagen.

Doch die biblischen Überlieferungen sind nicht nur ein ungeheuer reiches Angebot von Glaubenszeugnissen, die in die verschiedensten Situationen und Lebenslagen hinein wichtige religiöse Botschaften vermitteln können und vermittelt haben. Neben und über dem historischen und kulturellen Gewicht der Schrift ist ihr *kanonisches Gewicht* zu beachten. Die biblischen Überlieferungen bieten nicht einfach eine diffuse Fülle und „Pluralität" von Zeugnissen von Gott und Gottes Wirken. Sie bieten vielmehr zahlreiche kontrastive und vernetzte Zeugnisse von Gott und Gottes Wirken, die in immer neuen Situationen aufeinander verweisen, die voneinander lernen, die einander sowohl kritisieren als auch verstärken. Diese innere Konsistenz und Kohärenz, die gerade nicht auf nur *ein* Prinzip zurückgeführt werden kann und darf, macht das kanonische Gewicht der Schrift aus.[5] Diese kanonische Konsistenz hilft uns in hohem Maße, die Gewissheit des Glaubens zu festigen, gerade indem sie diese Gewissheit immer wieder heilsam in Frage stellt. Sie hilft uns, aus bloßen *Gewissheiten*

[5] Siehe dazu auch BERND JANOWSKI: Die kontrastive Einheit der Schrift. Zur Hermeneutik des biblischen Kanons, in: Günter Thomas, Andreas Schüle (Hg.): Gegenwart des lebendigen Christus, Leipzig 2007, S. 77–93.

heraus zu einer immer umfassenderen und tieferen *Wahrheitserkenntnis* zu gelangen.[6]

Die inneren Kräfte und Dynamiken, die einen Kanon konstituieren, sind uns noch relativ dunkel. Der Heidelberger Ägyptologe Jan Assmann hat eine Rekonstruktion von „Fünf Schritte(n) auf dem Weg zum Kanon" vorgeschlagen.[7] Das Bedürfnis nach Kanonisierung, also nach der Fixierung von dauerhaft tragenden Gedächtnisinhalten und umfassenden normativen Vorgaben in Textsammlungen, dieses Bedürfnis, so Assmann, erwächst, wenn Menschen von radikalen Erschütterungen heimgesucht werden. Für Israel war der Verlust des Landes, die Deportation, das Exil eine solche Erschütterung, eine Erfahrung radikaler geschichtlicher Diskontinuität. Für das Neue Testament ist die Kreuzigung Jesu eine solche Erschütterung.

Diese Erfahrungen von radikaler Diskontinuität, Erschütterung und drohendem Chaos schlagen sich in den potentiell kanonischen Texten nieder. Die festgehaltene radikale Diskontinuität verlangt nach Interpretation. Für den Prozess der Kanonisierung ist es nun wichtig, dass eine bestimmte *Mehrzahl* von Interpretationen, dass eine begrenzte Mehrzahl exemplarischer Möglichkeiten entwickelt wird, die Katastrophe der Diskontinuität zu erklären und zu überbrücken. Verschiedene Sichten der Welt, verschiedene

---

[6] Vgl. MICHAEL WELKER: Theology in Public Discourse Outside Communities of Faith? in: Luis Lego (Hg.), Max Stackhouse (introduction): Religion, Pluralism, and Public Life. Abraham-Kuyper's Legacy for the Twenty-first Century, Grand Rapids 2000; DERS.: Bezwingende Gewißheit – Befreiende Wahrheit. Selbstgewißheit, Wahrheitsgewißheit, Glaubensgewißheit, in: Uta Andrée u.a. (Hg.): Leben und Kirche. Festschrift für Wilfried Härle, Marburg 2001, S. 107–112.

[7] Münster 1999.

Sichten der Geschichte und der Zukunft setzen eine Mehrzahl exemplarischer Interpretationen frei. Erst wenn dieser Bestand in einen Zusammenhang gebracht wird, erst wenn also geradezu eine „pluralistische Bibliothek“ (Heinz Schürmann) von verschiedenen Perspektiven auf die festgehaltene Krise vorliegt, entsteht die Substanz des Kanons. Dieser Verweisungszusammenhang kann mehrere Zentren haben. Er hat aber auch Grenzen. Die theologischen Gründe für die Grenzen des Kanons müssen wir noch besser erforschen. Bei manchen Texten an den Grenzen der kanonischen Überlieferungen können wir zeigen, warum die Theologen und die Konzilien mit Recht unsicher waren, ob sie die Texte ein- oder ausschließen sollten. Karl Barth hat davon gesprochen, dass sich der Kanon der Kirche „imponiert“ habe.[8]

Eine alternative Sicht zu Assmann und Barth, die Andreas Schüle nahegelegt hat, lautet: Die nachexilische Erfahrung der überwundenen Diskontinuität setzt einen Pluralismus von Interpretationen frei, von denen viele als komplementäre Erkenntnispotentiale nicht mehr preiszugeben sind. Die multikontextuell wachsende Kirche zumal kann auf diese pluralistischen theologischen Erkenntnispotentiale nicht mehr verzichten. So gewinnt die Schrift im Leben der Kirche ihr kanonisches Gewicht, das seinerseits ihr historisches Gewicht fixiert und ihr kulturelles Gewicht freisetzt.

Das historische, das kulturelle und das kanonische Gewicht der Schrift ist aber in ihrem theologischen Gewicht begründet. Die Bibel ist ein hochkomplexes Zeugnis von Gott, genauer, sie ist ein komplexer Zusammenhang von Zeugnissen, die

---

[8] Vgl. Karl Barth: Kirchliche Dogmatik, I/2, Zollikon 1938, S. 524ff. (§19) und 666ff (§20).

gemeinsam auf Gottes Wirklichkeit und Gottes Wirken in der Schöpfung aufmerksam machen. Aufgrund ihres Gegenstands und ihres zentralen Inhalts kommt der Bibel letztlich ihr hohes vierfaches Gewicht zu. Aufgrund ihres Inhalts lenkt die Schrift die Wahrnehmung des Wirkens Gottes unter den Menschen[9], aber auch die lebendige Erinnerung daran und die Erwartung von Kontinuitäten dieses Wirkens. Aufgrund ihres theologischen Gewichts lenkt sie das geschichtliche, kulturelle und kirchliche Lernen und Wachsen in der Gotteserkenntnis. Aufgrund ihrer kanonischen Verfassung und ihres theologischen Gewichts lässt sie diese Erinnerungen und Antizipationen, dieses Lernen und Wachsen gerade nicht zu einem Ende kommen.[10]

Gerade weil die Bibel, in vielperspektivischer Weise „Zeugnis" gebend, auf Gott und auf das göttliche Handeln an der Schöpfung verweist, wird sie selbst zu einer lebendigen Quelle. Aufgrund dieser inneren Verfassung können ihr die Autoritätsformeln zugeschrieben werden, die bei isolierter und vordergründiger Betrachtung so wenig zu überzeugen vermögen.[11] Es ist der Verweis der biblischen Zeug-

---

[9] Rowan Williams: Der Literalsinn der Heiligen Schrift, in: Evangelische Theologie 50 (1990), S. 55–71.

[10] Vgl. Bernd Oberdorfer: Biblisch-realistische Theologie. Methodologische Überlegungen zu einem dogmatischen Programm, in: Sigrid Brandt, Bernd Oberdorfer (Hg.): Resonanzen. Theologische Beiträge, Wuppertal 1997, S. 63–83; Gerhard Sauter, Grundlagen der Theologie, Göttingen 1998.

[11] Nur aufgrund dieses pluralistischen Zeugnischarakters kann zusammenfassend mit Luther von der Schrift gesagt werden: scriptura „ipsa per sese certissima, facillima, apertissima, sui ipsius interpres, omnium omnia probans, iudicans et illuminans"; WA 7,97,23 f. (Assertio omnium articulorum, 1520).

nisse auf den lebendigen Gott, auf den Gott Israels und auf die Offenbarung Gottes in Jesus Christus, der ihnen ihren Zusammenhalt, ihr Gewicht, ihre Orientierungskraft gibt. Das historische, das kulturelle und das kanonische Gewicht der Schrift sind nur ein Spiegel und Abglanz des theologischen Gewichts, das ihr durch ihren Inhalt und Gegenstand, durch den lebendigen Gott, verliehen wird. Der angedeutete große historische, kulturelle und kanonische Reichtum ist ein Reflex der Herrlichkeit des lebendigen Gottes, von dem die Schrift vielperspektivisch Zeugnis gibt.

Diese Herrlichkeit des lebendigen Gottes wird für die Christen offenbar in der Gegenwart des auferstandenen Christus.[12] Der Auferstandene ist nicht einfach der physisch wiederbelebte vorösterliche Jesus. Obwohl einige wenige Auferstehungszeugnisse eine Verwechselung von Auferstehung und physischer Wiederbelebung nahezulegen scheinen, ist der kanonische Befund zwingend: Es handelt sich um eine Wirklichkeit, die einerseits Züge des Sinnfälligen aufweist, andrerseits aber den Charakter der Erscheinung behält. Proskynese, niederfallende Anbetung, angesichts einer Theophanie, einer Gottesoffenbarung – und Zweifel zugleich, davon berichten die Texte. Die Emmaus-Geschichte (Lk 24,13–35) ist besonders aufschlussreich: Die Augen der Jünger werden gehalten, so dass sie den Auferstandenen nicht erkennen.

[12] Siehe dazu ausführlich MICHAEL WELKER: Resurrection and Eternal Life. The Canonic Memory of the Resurrected Christ, His Reality, and His Glory, in: John Polkinghorne, Michael Welker (Hg.): The End of the World and the Ends of God. Theology and Science on Eschatology, Harrisburg 2000, S. 279–290; HANS-JOACHIM ECKSTEIN, MICHAEL WELKER: Die Wirklichkeit der Auferstehung, 3. Aufl., Neukirchen-Vluyn 2006.

Beim Brotritus werden ihre Auge geöffnet. Aber im nächsten Vers schon heißt es: „Und er verschwand vor ihren Augen." Statt sich nun über einen Spuk zu beklagen, erinnern sich die Jünger an eine zweite Evidenzerfahrung, die ihnen aber zunächst noch nicht zur Offenbarung geworden war: „Brannte uns nicht das Herz in der Brust, als er unterwegs mit uns redete und uns den Sinn der Schrift erschloss?" (Lk 24,30 ff.)

An der persönlichen Anrede, am Brotbrechen, am Erschließen der Schrift erkennen die Zeuginnen und Zeugen den Auferstandenen, aber auch in Lichterscheinungen, die einer Verwechslung von Auferstehung und physischer Wiederbelebung eo ipso widersprechen. Wichtig ist, dass eine *Vielzahl* von bestimmten Evidenzerfahrungen die Gewissheit auslöst: Christus ist und bleibt unter uns leibhaftig gegenwärtig. Demgegenüber betonen die Geschichten vom leeren Grab, dass nur eine einzige, wenn auch spektakuläre Offenbarung durch himmlische Boten noch keinen Glauben findet. Vielmehr bleibt es bei Furcht, Schrecken und Schweigen (Mk); der Glaube an einen Leichendiebstahl oder die entsprechende Propaganda greift um sich (Joh und Mt) oder die Grabesvisionen werden als „Geschwätz von Frauen" abgetan (Lk).

Die Gewissheit, Christus ist auferstanden, besagt also nicht: Er ist jetzt so gegenwärtig, wie der vorösterliche Jesus jeweils in einer Raumzeitstelle gegenwärtig war. Vielmehr wird nun *die ganze Fülle seiner Person und seines Lebens* „im Geist und im Glauben" gegenwärtig. Für ein naturalistisches und szientistisches Denken ist diese Gegenwart „im Geist und im Glauben" kaum nachvollziehbar. Deshalb lässt es sich immer wieder auf das Für und Wider der physischen Wiederbelebung fixieren. Der Glaube wird dabei zu einer bloßen subjektiven Meinung und der Geist wird zu einem Numinosum herabgesetzt. Die Fülle der Person und des Lebens Christi bringt sich demgegenüber im kanonischen Gedächtnis der Gemeinschaft der Zeuginnen und Zeugen zur Geltung. Durch ihr kanonisches, kulturelles und historisches Gewicht kann die Schrift ihre Aufgabe wahrnehmen, in reicher Weise der Vergegenwärtigung des Auferstandenen im kanonischen Gedächtnis zu dienen. Dabei ist die historisch-kritische Rekonstruktion der vergangenen Wirklichkeit – so unabschließbar sie bleibt – ebenso wichtig wie die Erkenntnis, dass der Auferstandene komplexe Zukunftsgeschichten mit sich bringt, in die unsere Existenzen und Lebensvollzüge eingebunden sind. Der Auferstandene ist nicht ohne seine Zeuginnen und Zeugen, nicht ohne seinen nachösterlichen Leib. Deshalb sind neben dem unverzichtbaren historisch-kritischen Zugang zu den biblischen Texten der „literary approach" in der Schriftauslegung, der von Nordamerika ausgehend nun auch in Europa wirksam wird, und die sozialgeschichtliche Schriftauslegung als wichtige Versuche zu würdigen, dem theologischen, kulturellen und ethosprägenden Gewicht der Schrift in der Vergegenwärtigung des Auferstandenen zu entsprechen.

Man wird allerdings nicht sagen können, dass die kreativen Zusammenhänge der verschiedenen Zugangsweisen zu den biblischen Überlieferungen auch nur annähernd schon erschlossen worden sind. Unter der Programmformel „biblische Theologie" versuchen wir seit einigen Jahren – vor allem in deutsch- und in englischsprachigen Kontexten – auf die Bedeutung der interdisziplinären theologischen Arbeit aufmerksam zu machen, die uns auf diesem Wege voranbringen kann und muss.

II. Was besagt die Programmformel „biblische Theologie"?

Auch die Wendung „biblische Theologie" ist immer wieder als eine Autoritätsformel verwendet worden. Nach einer von Gerhard Ebeling geprägten, in der Fachliteratur wieder und wieder zitierten Formel ist „biblische Theologie" entweder die der Bibel gemäße, die schriftgemäße Theologie oder aber die in der Bibel enthaltene Theologie.[13] Aus guten theologischen Gründen ist dieses Konzept sowohl von exegetischen als auch von systematischen Theologen mit großer Reserve, ja, mit starker Kritik aufgenommen worden. Ist nämlich „biblische Theologie" zu verstehen als „Theologie" im Sinne eines aus der Bibel erhobenen oder letztlich erhebbaren umfassenden und durchgebildeten Denk- und Überzeugungszusammenhangs, gar im Sinne eines bestimmten Systems, so ist sie unmöglich.

Eine solche biblische Theologie widerspräche gerade der so kraft- und eindrucksvollen Vielzahl und Lebendigkeit der biblischen Zeugnisse und Überlieferungen. Sie widerspräche auch der Lebendigkeit der Offenbarung Gottes, von der die verschiedenen biblischen Überlieferungen perspektivisch Zeugnis geben. Die komplexe Struktur des Kanons und die Lebendigkeit des kanonischen Gedächtnisses würden durch ein solches Konzept einer biblischen Theologie verstellt, sei

---

[13] Gerhard Ebeling: Was heißt „Biblische Theologie"?, in: ders.: Wort und Glaube [Bd. 1], 3. Aufl., Tübingen 1967, S. 69–89. Vgl. zum Folgenden ausführlicher: Michael Welker: The Tasks of Biblical Theology and the Authority of Scripture, in: Wallace Alston (Hg.): Theology in the Service of the Church. Festschrift in Honor of Thomas Gillespie, Grand Rapids 2000, S. 232–241.

diese Theologie nun der Bibel immanent oder ihr sozusagen von außen kommend „zugewachsen". Mit Recht hat Karl Barth betont, es sei abwegig, „ein verborgenes geschichtliches oder begriffliches System, eine Heilsökonomie oder eine christliche Weltanschauung aus der Bibel zu erheben … Eine biblische Theologie in diesem Sinn kann es nicht geben: weder eine solche des Alten, noch eine solche des Neuen Testaments, noch eine solche der ganzen Bibel."[14]

Nun müssen wir unter „Theologie" aber nicht die Rede von Gott in einem umfassend durchgebildeten Denkzusammenhang verstehen. In aller Bescheidenheit können wir unter „Theologie" auch verstehen: die von Gewissheit begleitete und auf Wahrheit ausgerichtete inhaltliche, nachvollziehbare und sachlich entwicklungsfähige Rede von Gott. Diese Theologie dient, wie schlicht und fragmentarisch auch immer, der Festigung der Glaubensgewissheit in der Entwicklung der Gotteserkenntnis. Diese Theologie meinen wir, wenn wir mit den Reformatoren betonen, dass *jeder* Christenmensch zur Theologie bestimmt ist. Und von einer solchen Theologie ist die Bibel ohne Zweifel voll, ja, sie ist geradezu von ihr durchdrungen. Doch vor diesem Hintergrund können die verschiedensten theologischen Unternehmungen und Bemühungen, wenn sie auch nur *irgendwie* auf die Bibel bezogen sind, für sich in Anspruch nehmen, in diesem schlichten Sinn „biblisch-theologisch" zu sein.

Bei genauerer Prüfung erweist sich dieser Gebrauch der Wendung „biblische Theologie" allerdings als kontraproduktiv. Die Rede von einer auf die Bibel nur irgendwie be-

---

[14] KARL BARTH: Kirchliche Dogmatik, I/2, Zollikon 1938, S. 535 (§19).

zugnehmenden Theologie bzw. der triviale Hinweis, dass die biblischen Texte von Theologie bzw. Theologien in diesem elementaren Sinn erfüllt und durchdrungen sind, bleiben ohne Orientierungswert. Deshalb ist die Rede von „biblischer Theologie" in diesem Sinne prätentiös. Da alle christliche Theologie beansprucht, sich irgendwie auf die Bibel zu beziehen und in irgendeinem Sinne schriftgemäß zu sein, scheint die Rede von der „biblischen Theologie" nicht mehr zu sein als ein Ausrufungszeichen hinter dieser schlichten Erkenntnis. Das aber heißt: Die Wendung „biblische Theologie" scheint entweder – Ebelings Definition folgend – eine theologisch und wissenschaftlich problematische System- und Einheitsvorstellung zu propagieren[15] oder aber mit unangebrachter Emphase die Selbstverständlichkeiten hervorzuheben, dass die biblischen Texte in qualifizierter Weise von Gott reden und dass christliche Theologie sich irgendwie an der Schrift orientiert.

Trotz der genannten Probleme und trotz des Risikos, als Prätention oder als theologisch hochproblematische Autoritätsformel missverstanden zu werden, gewinnt die Wendung „biblische Theologie" – vor allem in Deutschland und Nordamerika im letzten Drittel des 20. Jahrhunderts – als innerdisziplinärer und interdisziplinärer Programm- und

---

[15] Dazu kritisch: John D. Levenson: Warum sich Juden nicht für biblische Theologie interessieren, in: Evangelische Theologie 51 (1991), S. 402–430; Dietrich Ritschl: „Wahre", „reine" oder „neue" Biblische Theologie? Einige Anfragen zur neueren Diskussion um „Biblische Theologie", in: Jahrbuch für Biblische Theologie 1 (1986): Einheit und Vielfalt Biblischer Theologie, Neukirchen-Vluyn 1986, S. 135–150; Bernd Janowski: Der eine Gott der beiden Testamente. Grundfragen einer Biblischen Theologie, in: ders.: Die rettende Gerechtigkeit. Beiträge zur Theologie des Alten Testaments 2, Neukirchen-Vluyn 1999, S. 249 ff.

Reformbegriff an Profil. Zeitschriften, Wissenschaftliche Reihen, regelmäßige Konferenzen und interdisziplinäre Forschungsprojekte verwenden die Wendung „biblische Theologie“ als Label: Biblical Theology Bulletin, New York 1971 ff.; Overtures in Biblical Theology, Philadelphia 1977 ff.; Biblisch-Theologische Studien, Neukirchen-Vluyn 1977 ff.; Ex Auditu: An Annual of the Frederick Neumann Symposium on Theological Interpretation of Scripture, Princeton 1985 ff.; Jahrbuch für Biblische Theologie, Neukirchen-Vluyn 1986 ff. etc. Was ist damit intendiert?

Schon in den 20er und 30er Jahren des 20. Jahrhunderts erfolgen Ausdifferenzierungsprozesse innerhalb der exegetischen Disziplinen, vornehmlich in der englischsprachigen Welt. Gegenüber der von vielen absolut gesetzten historisch-kritischen Arbeit der Fachexegese wird geltend gemacht, „sie teile die Bibel in unverbundene Schichten auf, sie betone zu stark die Gemeinsamkeiten zwischen der Bibel und ihrer kulturellen Umwelt, überbetone den Entwicklungsprozeß und versage vor der Aufgabe, eine wirklich theologische Interpretation der Heiligen Schrift zu liefern“[16]. Dieser Widerstand und das Bemühen um die Entwicklung von Alternativen stellen sich u.a. unter die Programm- und Reformformel „biblische Theologie“. Von den 70er Jahren an wird dieser Programm- und Reformbegriff auch von der systematischen Theologie aufgenommen. Dabei wirken verschiedene Motive zusammen.

Die vorbildgebende systematisch-theologische Kreativität vieler exegetischer Beiträge ist sicher einer der Beweggründe.

---

[16] James Barr, Artikel ‚Biblische Theologie‘, in: Evangelisches Kirchen-Lexikon, S. 489.

Aber auch die nachlassende Prägekraft der Philosophie und die emergent zunehmende kulturwissenschaftliche und kulturgeschichtliche Orientierung in der systematischen Theologie legen eine verstärkte Orientierung an den biblischen Überlieferungen nahe. Die ebenfalls rückläufige Bindekraft der Bekenntnisschriften und das Interesse an ökumeneweiten theologischen Orientierungsgrundlagen ist bei dieser Entwicklung ebenso in Rechnung zu stellen wie der sich festigende Verdacht, dass etliche neuprotestantische und „postmoderne" Theologien, die die inhaltliche Bindung an die biblischen Überlieferungen systematisch vernachlässigen und mit reduktiven Denkfiguren überformen, die Kirchen in den westlichen Industrienationen zu ihrer eigenen Säkularisierung veranlassen und ungewollt, aber massiv dem religiösen Bildungsverfall zuarbeiten.

Schließlich wird die Programmformel „biblische Theologie" zur Charakterisierung interdisziplinärer theologischer Denk- und Forschungsansätze verwendet. Dabei wird allerdings leicht übersehen, dass in den verschiedenen theologischen Disziplinen mit dieser Formel verschiedene Leitvorstellungen und Forschungsintentionen verbunden sind, die aber durchaus komplementär und einander ergänzend wirksam werden können. In den exegetischen Disziplinen sind unter der Bezeichnung „biblische Theologie" besonders drei Bemühungen zu erkennen, nämlich:

1. der Dissoziation des Faches entgegenzuwirken;

2. die Tendenzen hin zur eigenen Säkularisierung und zur Transformation in religionsgeschichtliche Forschung umzukehren; und

3. in der unübersichtlichen Fülle von historischen und religionsgeschichtlichen Detailuntersuchungen nach „der

Einheit“ und „dem Proprium“ der biblischen Überlieferungen zu fragen, selbst wenn diese Frage als eine immer nur provisorisch und vorläufig zu beantwortende regulative Frage angesehen wird.

In den systematischen und praktisch-theologischen Disziplinen verbinden sich mit der Programmformel „biblische Theologie“ u.a. die folgenden drei Bemühungen:

1. auf theologisch begründbare Differenzierungen hinzuarbeiten in der Auseinandersetzung mit reduktionistischen theologischen Denkfiguren und mit inadäquaten Formen systematisch-theologischen Denkens;

2. Alternativen zu entwickeln zu bestimmten Formen von Systematik, die primär philosophischen oder anderen außertheologischen Rationalitäten und Interessen folgen; auch Alternativentwicklungen möglich zu machen zu Formen von Religiosität, die von solchen Rationalitäten und Interessen geprägt sind; und

3. Grundlagen zu entwickeln für eine ökumenische Differenzkultur, die die Konfessionen verstehen ließe als verschiedene Weisen des Lernens von der Schrift und die neue Möglichkeiten wechselseitiger ökumenischer Wertschätzung und Bereicherung böte.

In dieser Komplementarität von exegetischen und systematischen Orientierungen ergeben sich wichtige Aufgaben wechselseitiger Korrektur und Ergänzung zwischen den Disziplinen. Während die Exegese mit ihrer historisch-kritischen Kompetenz die Systematik vor übereilten Analogiebildungen und „Horizontverschmelzungen“ bewahren muss, kommen der Systematik und auch der kirchengeschichtlichen Disziplin die Aufgaben zu, die von den Exegeten jeweils vorgeschlagenen und verwendeten Konzepte von „Einheit“,

„Proprium“ und „Mitte der Schrift“ auf ihre Tragfähigkeit in dogmengeschichtlichen und zeitgeschichtlichen Kontexten hin zu prüfen. Wir haben in den letzten Jahrzehnten etliche Erfahrungen gesammelt in der Auseinandersetzung mit Einheits- und Integrationsthemen bzw. integrierenden Denkfiguren: der Bund, the mighty acts of God, die Versöhnung, Exodus und Befreiung – so lauteten einige der Vorschläge, deren Tragweite auszuloten war.

Während ein modernistisches Denken, das nach dem *einen* Kontinuum und nach dem einen *alles* synthetisierenden Prinzip sucht, in der Propagierung dieser diversen Vorschläge lauter verlorene Schlachten sehen musste, kann eine biblische Theologie in diesen Erfahrungen der begrenzten Leistungsfähigkeit der Integrationsthemen und Einheitsformeln geradezu einen theologischen Schatz erkennen. Mit unterschiedlicher Reichweite können die verschiedenen zentralen Themen verbindende Kräfte im Pluralismus der kanonischen Überlieferungen freilegen. Bei allem legitimen Bemühen um größtmögliche Reichweite ist gerade die bestimmte und begrenzte *Vielzahl* kanonisch breit gestützter thematischer Zugänge zu den biblischen Überlieferungen von größter Bedeutung. Sie ist von größter Relevanz in Umgebungen, die sich mit Recht „pluralistisch“ nennen.

III. Die Autorität der Schrift in pluralistischen Umgebungen

Eines der größten kulturellen Probleme unserer Zeit liegt darin, dass pluralistische Kulturen und Gesellschaften keine klare Vorstellung von ihrer inneren Verfassung haben. Notorisch verwechseln sie die Verfassung des Pluralismus mit einer diffusen „Pluralität" von Individuen, von Lebensstilen, von Gruppen und von Einrichtungen. Angesichts dieser diffusen Pluralität fürchten die einen mit Recht das drohende Chaos, den Relativismus, den Verfall von Gemeinsamkeit und sozialer Konnektivität. Andere machen sich weiche und meist illusorische Vorstellungen von der unendlichen Fülle der Entfaltungsmöglichkeiten, die diese Pluralität biete. Wieder andere rufen nach autoritären Gegensteuerungen gegen dieses Chaos, oder sie setzen auf liberale Integrationsformen, etwa: Wir brauchen dieses oder jenes Minimum an Gemeinsamkeit, um aus dem Schlamassel herauszukommen. Alle diese Sichtweisen haben eins gemeinsam: Vom Pluralismus haben sie nichts kapiert.

Der Pluralismus bringt nicht einfach Bindungslosigkeit, Relativismus, Individualismus etc. mit sich, obwohl diese Erscheinungen auch in pluralistischen Umgebungen auftreten. Der Pluralismus bildet und pflegt vielmehr *multisystemische* Formen, die sehr wohl hohe Bindekräfte entwickeln, aber eben nicht *die* gesellschaftseinheitliche, kultureinheitliche Bindekraft versprechen können. Die verschiedenen Bindekräfte – die des Marktes, der Medien, der Bildung, der Politik, des Rechts, der Religion usw. – sind aber zugleich für die ganze Gesellschaft und die Kultur als Ganze relevant. Eine bestimmte Vielzahl von systemischen Formen, die sich nicht auf eine einzige Formel und ein Gesetz bringen lassen, sind für die Steuerung und das Wohlergehen „des Ganzen" erforderlich.

Auf dieses multisystemische Gefüge versuchen in pluralistischen Kontexten eine Vielzahl von Gruppen und Zusammenschlüssen Einfluss zu nehmen. „Zivilgesellschaft" nennen wir die zahlreichen Gruppen und Zusammenschlüsse, die die systemischen Formen der Gesellschaft wie Recht, Bildung, Politik zu beeinflussen, zu stabilisieren oder zu destabilisieren, stärker zu verbinden oder stärker zu trennen suchen. Hohe Grade an Freiheit und Effizienz bringt der wirkliche Pluralismus mit sich. Aber auch hohe Belastungen für Menschen, die mit zunehmenden Interessenkonflikten, mit Spannungen zwischen ihren normativen Bindungen und mit Brüchen in ihrer Identität leben müssen. In diesen Situationen sind keine simplistischen globalen Übersichtsangebote gefragt, sondern differenzierte Orientierungshilfen, die in die verschiedenen Kontexte hinein sachgemäß zu sprechen vermögen. Die Familie hat andere Orientierungserwartungen und benötigt andere Orientierungsmuster als die Politik, die Bildung andere als der Markt, das Recht andere als die Medien.

Seine multikontextuelle und pluralistische Verfassung ermöglicht es dem biblischen Kanon, sich auf solche verschiedenen Rationalitäts-, Organisations- und Themenzusammenhänge und Kontexte differenziert einzulassen. Zugleich erlauben die kanonischen Verweisungszusammenhänge es, subtile Übergänge und Verknüpfungen zwischen den pluralistischen Kontexten herzustellen. Ist erst einmal ein seriöser spezifischer systematischer Bezug – seien es Analogien in den Fragestellungen oder Suchbewegungen, seien es systematische Kontraste oder alternative Visionen zwischen zeitgenössischen und biblischen Kontexten – hergestellt, so ergeben sich in der Regel interdisziplinär äußerst fruchtbare und erkenntnisträchtige Konstellationen.[17] Dieses Vorgehen

[17] Ich nenne nur vier der interdisziplinären Themenfelder, in denen

erfordert allerdings etwas mehr Liebe und Mühe als die Versuche, eine religiöse Formel zu finden, die in autoritärer oder

---

wir in den letzten Jahren das Gespräch von biblisch orientierter Theologie mit anderen Wissenschaften und Systemrationalitäten gesucht haben:

1. Im Gespräch Theologie-Naturwissenschaften haben wir – unter Einschluss von Exegeten und Kulturwissenschaftlern – eine mehrjährige Konsultationsreihe über Themen der Eschatologie am Center of Theological Inquiry in Princeton veranstaltet: Siehe John Polkinghorne, Michael Welker (Hg.): The End of the World and the Ends of God. Science and Theology on Eschatology, Harrisburg 2000; vgl. auch Michael Welker: Springing Cultural Traps. What the Science-Theology Discourse on Eschatology Does for the Common Good, in: Theology Today 58 (2001), S. 165–176; daran anschließend: Ted Peters, Robert Russell, Michael Welker (Hg.): Resurrection. Theological and Scientific Assessments, Grand Rapids 2002.

2. Im Gespräch Theologie-Ökonomie wurde unter dem Rahmenthema „Property and Possession" in Chicago und Heidelberg ein mehrjähriges Forschungsprojekt über die Symbole und Rationalitäten des Gewinnens, Habens und Verlierens in ökonomischen und religiösen Kontexten durchgeführt. Vgl. William Schweiker (Hg.): Having. On Property and Possession in Religious and Social Life, Grand Rapids 2004. In einer noch fruchtbareren Phase prüfen wir im Dialog mit exegetischer Forschung zur Zeit die Auswirkungen der standardisierten Monetarisierung der Märkte auf Religion, Recht, Politik und Moral: Jahrbuch für Biblische Theologie 21 (2006): Gott und Geld, Neukirchen-Vluyn 2007, darin Michael Welker, Michael Wolter: Vorwort (S. V–XII); Hermann Spieckermann, Michael Welker: Der Wert Gottes und der Wert des Besitzes für den Menschen nach Kohelet (S. 97–107).

3. Im Gesprächsfeld Theologie-Moral-Recht fanden mehrere Veranstaltungen in Verbindung mit dem Heidelberger Graduiertenkolleg „Religion und Normativität" statt: Publikation u.a. Jan Assmann, Bernd Janowski, Michael Welker: Gerechtigkeit. Richten und Retten in der abendländischen Tradition und ihren altorientalischen Ursprüngen, München 1998; zur Zeit arbeitet ein internationales und interdisziplinäres Projekt an Gesetzesbegriffen in Naturwissenschaften,

liberaler Integrationsmanier auf alles und jedes passen soll. Sie erfordert aber, genau besehen, nicht mehr Liebe und Mühe, als wir sie von der pastoralen Kreativität erwarten, die in der Verkündigung, in der Seelsorge oder im Unterricht bestimmte kanonische Texte in eine bestimmte Situation hinein auslegt bzw. eine bestimmte Situation im analogen Imaginationsbereich eines kanonischen Kontexts verortet.

Die große an der Reformation geschulte und weiter zu schulende Aufgabe für die Theologie in Wissenschaft, Bildung und Kirche besteht heute darin, spezifische Modelle und typische Brückenstellen seriös herauszuarbeiten, die es erlauben, fruchtbare Bezüge zwischen den pluralistischen kanonischen Überlieferungen und den Orientierungsprofilen bzw. typischen Orientierungsbedürfnissen im gesellschaftlichen und kulturellen Pluralismus herzustellen. In verschiedenen Kontexten haben wir in den letzten Jahren ermutigende Erfahrungen gemacht. Wir sind aber auch auf verheerende generalistische Tendenzen gestoßen, die sich dieser Arbeit gerade verweigern und die – zum Beispiel

---

Rechtswissenschaften und Theologie – mit starker biblisch-theologischer Orientierung.

4. Seit Jahren werden – auch im Gespräch mit Naturwissenschaften – viele interdisziplinäre Projekte zum Themenkomplex Anthropologie, Person und Menschenwürde durchgeführt; s. u.a. Michael Welker (Hg.): Person, in: Evangelische Theologie 60 (2000), Heft 1, besonders Einleitung S. 4–8; Niels H. Gregersen, Willem B. Drees, Ulf Görman (Hg.): The Human Person in Science and Theology, Edinburgh 2000, S. 95–114; Jahrbuch für Biblische Theologie 15 (2000): Menschenwürde, Neukirchen-Vluyn 2001; Malcolm Jeeves (Hg.): From Cells to Souls, and Beyond: Changing Portraits of Human Nature, Grand Rapids 2004, S. 223–232; E. Kendall Soulen, Linda Woodhead (Hg.): God and Human Dignity, Grand Rapids u.a. 2006.

in den Curricula des Religionsunterrichts – zur geradezu systematischen Verzerrung der Botschaften der biblischen Überlieferungen beitragen.[18] Doch was ist ein seriöser spezifischer systematischer Bezug zwischen kanonischen Überlieferungen und gegenwärtigen Lebenskontexten?

Eine kulturelle und bildungspolitische Umorientierung ist dringend geboten, die die Furcht vor „Differenz" und vor polykontextuellen und multisystemischen Konstellationen verliert und zugleich die Suche nach dem einen Schalter und der einen Formel, die auf alles passt, nicht als die ideale Lösung für unsere Orientierungssuchen ansieht. Es muss vielmehr darum gehen, systemische Differenzen auf systemische Differenzen beziehen zu lernen. Was ist damit gemeint? Die bloße *Beobachtung* thematischer Analogien, ähnlicher Fragestellungen, vermeintlich ähnlicher Denkfiguren in kanonischen, historischen und zeitgeschichtlichen Kontexten genügt der Aufgabe der Theologie keineswegs. Über einen naiven und hohe Grade willkürlicher Assoziationen tolerierenden Biblizismus treten wir erst hinaus, wenn wir analoge oder gegenläufige systemische Differenzen in kanonischen, historischen und in zeitgeschichtlichen Kontexten rekonstruieren. Das heißt: Ein Thema, ein Inhalt, eine Denkfigur, ein theoretisches oder praktisches Problem wird in mindestens zwei differenten kanonischen oder kanonbezogen historischen Kontexten wahrgenommen. Warum wird es in Kontext A anders behandelt als in Kontext B? Wie werten wir, was lernen wir aus dieser Differenz? Diese Differenz be-

---

[18] Vgl. dazu HEINZ SCHMIDT, HARTMUT RUPP (Hg.): Lebensorientierung oder Verharmlosung? Die Lehrplanentwicklung des Religionsunterrichts in theologischer Kritik, Stuttgart 2000.

ziehen wir nun auf eine analoge Differenz in mindestens zwei zeitgeschichtlichen Kontexten. Wir können so unterstellte Entwicklungs- oder Verfallsprozesse aufeinander beziehen, die füreinander aufschlussreich und lehrreich sind. Nicht eine einfache Kontinuität, sondern eine dreifache Diskontinuität ist gedanklich zu kontrollieren.

So ist es, um ein Beispiel zu nennen, sinnlos, eine dogmengeschichtliche Differenz oder eine gegenwärtige theologische Fragestellung im Blick auf einen bestimmten biblischen Überlieferungsbestand „entscheiden" zu wollen. Andere zentrieren und selegieren anders und gelangen zu anderen Ergebnissen, die gleichgültig nebeneinander zu stehen kommen. Können wir hingegen mit mindestens je zwei Schnittstellen Differenzen und Entwicklungen markieren und aufeinander beziehen, beginnen die Kontexte miteinander zu sprechen und der willkürlichen Relationierung Schranken aufzuerlegen.[19]

In solchen mehrsystemischen und differenzsensiblen Konzentrationen können die biblischen Überlieferungen mit ihrem hohen historischen, kulturellen, kanonischen und theologischen Gewicht orientierend wirken. Die Vernetzung und Verdichtung solcher Konzentrationen verhindert, dass die Bezugnahme auf den ungeheuren Reichtum der kanonischen Überlieferungen ins Diffuse, Zersplitternde und Belanglose auseinanderfällt. Eine themen-, kontext- und rationalitätsbewusste theologische Arbeit muss die biblischen Überlieferungen mit solchen mehrsystemischen und differenzsensiblen Konzentrationen auf die spezifischen

---

[19] Siehe dazu Patrick D. Miller: Can Two Walk Together Without an Appointment?, in: Theology Today 52 (1995), S. 169 ff.

historischen und kulturellen thematischen Anschlussmöglichkeiten in pluralistischen Kontexten der Geschichte und Gegenwart immer neu befragen. Sie muss dabei Konvergenz- und Differenzierungsprozesse historisch und systematisch zu unterscheiden lernen. Rationale und thematische Verdichtungen einerseits und andrerseits Herausforderungen, reduktionistischen Entwicklungen entgegenzuwirken, sind zu unterscheiden und jeweils im Blick auf den Gegenstand und die Problemlage zu rechtfertigen.

In dieser Entwicklung wird die hohe Bedeutung des Glaubenswissens und der spirituellen und theologischen Bildung wieder entdeckt werden müssen. Wir müssen aber auch die Kraft und die Würde des *Zeugnisses* neu wertzuschätzen lernen. *Zeuginnen und Zeugen fragen individuell nach Gewissheit und gemeinsam nach Wahrheit gerade deshalb in glaubwürdiger Weise, weil sie die Perspektivität und das Fragmentarische ihrer Erkenntnis und ihres Beitrags in aller Gelassenheit respektieren können.* Sie können mit dem Bewusstsein leben: Dies ist mein, dies ist unser fragmentarischer Beitrag auf der Suche nach Gottes- und Wahrheitserkenntnis, weil sie sich in kanonischen und ökumenischen Zusammenhängen verorten, die dazu einladen und auffordern, ihre pluralistische Verfassung zu respektieren und zugleich dem Relativismus beharrlich entgegenzuwirken. Die *Überprüfung, Vervollkommnung, Entfaltung, Rechtfertigung und gegebenenfalls Korrektur der Gewissheit in der Suche nach Wahrheit* – nicht aber die Suche nach finaler Gewissheit ist das Ziel und das Maß. Die recht verstandene Botschaft der Reformation weist auch heute hin auf diesen Weg der Glaubenserkenntnis und auf dieses schriftorientierte, weltoffene ökumenische Zusammenwirken.

Personenregister

Sachregister